✦ 내향형 영어의 비밀 ✦

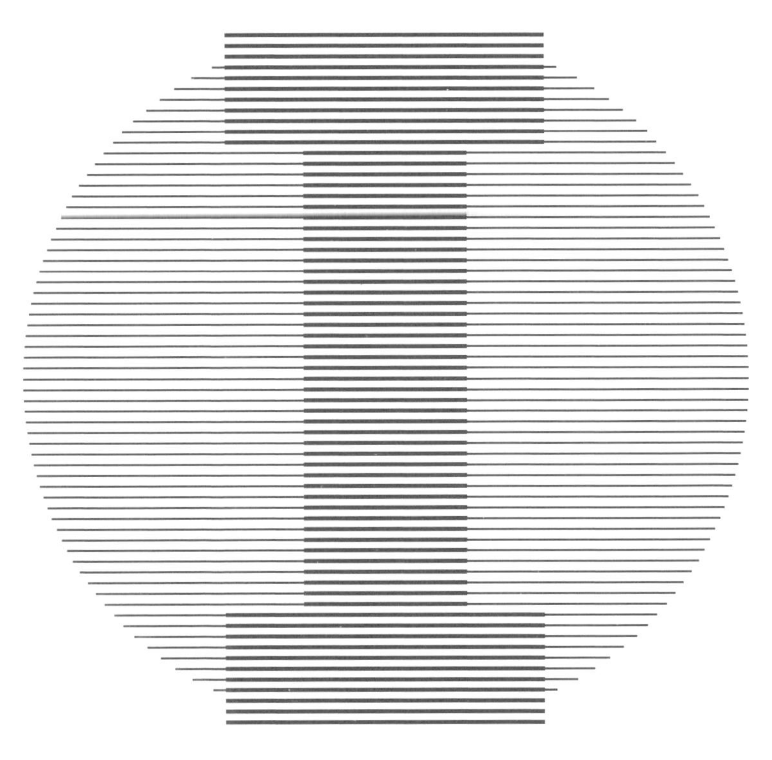

그동안 우리는 왜 외향형처럼 공부했을까?

일간 소울영어 지음

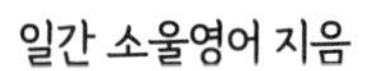

일러두기

이 책에서 언급된 A 씨, B 씨 등의 사례는
저자가 허락하에 수강생과 구독자의 사연을 각색한 것입니다.

"내향형에게 외향형 영어를 가르쳤던 이유"

'유능한 사람이라면 모름지기 ○○해야 한다'라는 전제에는 늘 외향성의 잣대가 숨겨져 있습니다. 심지어 내향형들 본인도 일상 곳곳에서 외향형 중심의 방식을 따르는 것에 익숙합니다. 개인의 역량이나 노력과 상관없이 팀워크를 발휘하지 못하면 좋은 평가를 받지 못한다거나, 사회생활을 할 때 깊은 인맥보다 폭넓은 인맥 쌓기가 더 중요시되는 것도 그 예입니다. 그래서 때로 친하지 않은 사람들과 친하게 지내기 같은 고급 기술을 부려야 하죠.

안타깝게도 그동안의 영어 교육 역시 외향적 학습법을 강요하기는 마찬가지였습니다. 강사인 저부터도 낯선 사람들에 둘러싸여 영어로 대화하는 연습만이 가장 효과적이며, 어색함과 부끄러움을 이기는 노력으로 얻어지는 것이 영어 자신감이라고 믿었습니다. 이런 식의 자신감을 강조하는 수업을 하다 보니 도중에 얼굴이 붉어져 황급히 나가버리는 사람도 있었고, 좀 전에 외운 문장도 옆 사람이랑 연습하라고 하면 말문이 막혀 어쩔 줄 몰라 하는 사람도 부지기수였습니다. 회화 수업을 받고 집에 가면 누워만 있는다며 수업 방식을 버거워하는 수강생도 만났지만, 그저 자신감과 노력 부족이라고만 여겼습니다.

역사적으로 거슬러 올라가 보면 늘 외향형이 대세였던 것은 아닙니다. 세계적 베스트셀러인 『콰이어트』의 저자 수전 케인은 외향형이 각광을 받게 된 이유를 산업 성장과 연결 지어 다음과 같이 설명합니다. 농장 중심의 삶을 살던 시대에는 어릴 때부터 알던 마을 사람들과의 교류가 전부였습니다. 하지만 20세기 산업화가 진행되면서 도시 생활이 시작되고, 낯선 사람과 일하고 생활해야 했죠. 그러면서 새로 만난 사람에게 자신감 넘치는 인상을 주는 방법이나 군중의 마음을 사로잡는 화술과 매력에 대한 자기계발서들 역시 유행합니다. 즉, 성격이 곧 스펙이 되는 사회의 시작이었습니다.

하지만 시대는 다시 바뀌었습니다. 어느샌가 사람들은 더 이상 맹목적으로 자기계발서의 메시지를 신뢰하지 않습니다. '위대한 성공과 행복을 가져다주는 인생의 법칙'이라는 식의 제목만 들어도 신물이 납니다. 굳이 거대한 성공이 아니더라도 작고 단단한 기쁨을 누리며 나답게 살고자 하는 생각이 대세인 시대가 되었습니다.

게다가 팬데믹은 이런 사회적 변화에 기름을 부어 주었습니다. 집합 금지가 실시되고 빈번하게 집에 격리되는 상황들을 경험하면서 '뭉쳐야 산다' '억지로라도 자주 봐야 정이 든다' 식으로 가깝게 지내기를 고집하던 기존의 방식이 허물어진 것이죠.

근무시간은 유연해졌고, 온라인 사교 모임이 활성화되면서 선택의 폭도 넓어졌습니다. 일, 관계, 교육, 라이프 스타일과 같은 다양한 면에서 당연하게 여겨왔던 사고방식의 틀이 이곳저곳 흔들리며 자신에게 맞는 선택을 할 수 있는 여지가 생긴 것입니다. 그래서 지금이야말로 내향형들이 자신의 성향과 애호에 대하여 고민해야 할 시대적 타이밍이기도 합니다.

그동안 많은 영어 수업에서 내향성은 소심함으로 해석되어버리고, 내향형 학습자들은 자신에게 맞지 않는 공부 방식을 고집하며 스스로가 게으르다고 자책했을 겁니다. 어쩌면 많은 영포자들이 그렇게 탄생했는지도 모릅니다. 저 역시 강사로시 학생들의 개인차를 이해하지 못할 때는 '자신감을 가져라'처럼 무심하고, 둔감한 조언밖에 할 수 없었습니다. 하지만 낮에는 학원에서 회화를 가르치고, 밤에는 교육대학원에서 상담심리학을 공부하면서부터 전에는 보이지 않던 학생 한 명 한 명의 스토리가 더 눈에 들어왔습니다. '성향의 차이'라는 시각을 가지고 바라보자 개인의 역량과 노력 문제라고만 여겼던 많은 것들이 사실은 방식의 문제였다는 것을 인지했습니다. 내향형에게 걸맞은 영어 공부의 목표와 방법이 필요하다는 것도 명료해졌죠.

영어에 'Be the best version of yourself(너의 가장 멋진 버전이 되어라)'라는 말이 있습니다. 어렸을 때 자주 보던 영어 문장인 'Do your best(최선을 다하라)'와 비슷한 것도 같지만 전혀 다릅니다. '최선을 다하라'라는 말은 '열심히만 하다 보면 뭐가 되든 된다'처럼 성실과 노력을 강조하는 말에 가깝습니다. 하지만 '너의 가장 멋진 버전이 되어라'라는 말에서는 성실성보다 더 우선하는 가치가 느껴집니다. 바로 '나다움'입니다.

제가 좋아하는 나태주 시인의 「꽃3」이라는 시에도 이런 구절이 있습니다.

네가 너이기 때문에 소중한 것이고 아름다운 것이고

사랑스런 것이고 가득한 것이다.

꽃이여, 오래 그렇게 있거라.

— 나태주 시집 『꽃을 보듯 너를 본다』, 「꽃 3」

저는 이 시의 마지막 문장을 가장 좋아합니다. '꽃이여, 오래 그렇게 있거라'라는 말은 '꽃이여, 활짝 피거라'같은 말처럼 무심하지 않아서 좋습니다. 풀꽃이든 장미든, 모양이나 색은 다 다르겠지만 꽃들은 자라면 모두 그저 자기 자신이 됩니다. 그래서 '예뻐져라' '잘나져라' 주문을 외우지 않아도 됩니다. 여러분 또한 이 책을 읽으시면서 억지로 주고 있던 힘을 조금 느슨하게 풀고, '나'를 이해하는 마음이 가득해졌으면 좋겠습니다.

목차

Chapter 1

나는 내향형일까, 외향형일까?

Chapter 2

내향형 영어의 특징

Chapter 3

내향형만의 영어 공부법

Chapter 4

성향을 뛰어넘는 단단한 영어 공부법

재미로 하는
나의 영어 공부 스타일 진단

	내향형
1	혼자 생각하고 이해할 시간이 충분하거나 예습할 수 있는 환경일 때 영어 공부의 능률이 오른다.
2	영어로 할 말이 있어도 바로 하기보다는 주변 분위기를 파악하고 행동하려 한다.
3	꼭 직접 사람을 만나지 않아도 온라인 모임이나 강의로도 충분히 도움이 된다.
4	소수의 사람들과 하는 스터디나 과외에서 더 편안함을 느낀다.
5	먼저 말을 걸기보다는 상대가 묻는 말에 답하고 듣기에 더 집중하는 편이다.
6	내가 하고자 하는 말의 내용이 머리 속에서 어느 정도 정리돼야 입을 떼는 편이다.
7	자신 만의 공간을 정해놓고 공부하는 것이 편하다.
8	사람이 많은 학원이나 스터디 모임에 다녀오면 지쳐서 누워있거나 혼자 쉬고 싶어진다.
9	영어 대화를 할 때 잡담보다는 공감이 일어나는 대화를 선호한다.
10	말투가 차분하고 조용하게 말하는 편이다.

나의 공부 성향을 이해하는 데 참고하기 위한 간단 테스트입니다.
선택을 많이 한 쪽이 나의 영어 공부 스타일이며,
양쪽 개수가 비슷하다면 양향적인 성향입니다.

외향형
다른 사람들과 영어로 대화할 기회가 충분하고 실수가 허용되는 분위기일 때 배우는 것이 많다.
기분이 잘 드러나는 편이고 영어로도 하고 싶은 말이 있으면 즉각적으로 반응하는 편이다.
직접 사람을 만나 교류할 때 더 영어 공부의 동기부여가 되고 지속할 수 있는 힘을 얻는다.
다양한 사람들과 어울리고 새로운 사람을 만날 수 있는 환경에서 의욕을 느낀다.
처음 만나는 사람에게도 쉽게 말을 걸고 자신에 대해 이야기하는 편이다.
말을 하면서 생각이 정리되거나 감이 생기는 편이다.
주변에 있는 사물이나 사람들에게 관심이 많아 잘 산만해지는 편이다.
사람이 많은 학원이나 스터디 모임에 다녀오면 새로운 아이디어가 떠오르고 활기가 생긴다.
영어 대화를 통해서 다양한 사람들에게 정보와 아이디어를 얻을 수 있다면 좋겠다.
목소리에 힘이 있고 주변 사람들의 집중을 잘 얻는 편이다.

Chapter 1

나 는 내향형일까, 외향형일까?

내향형은 타인과 거리가 생길 때 자신을 본다

Your solitude will be a support and a home for you,
even in the midst of very unfamiliar circumstances, and from it,
you will find all your paths.

고독은 낯선 환경 속에서도 당신에게 힘을 주고 안식처가 되어준다.
그리고 그 속에서 모든 길을 찾을 수 있다.

라이너 마리아 릴케 Rainer Maria Rilke

팬데믹이라는 명상의 시간

'고독'이라는 단어는 딱히 좋은 이미지를 가지고 있지 않습니다. 사람들과 멀어져 슬프고 외로운 사람, 혹은 타인과 접촉을 거부하는 은둔형 폐인이 떠오르죠. 이것이 많은 사람이 고독한 시간을 부정적으로 인식하는 이유이기도 합니다. 하지만 독일의 시인 릴케는 전혀 다른 시선으로 고독을 바라봅니다. 릴케에게 고독은 힘을 얻는 시간이자 휴식입니다. 또한 그는 낯선 상황이 벌어져도 고독의 시간을 통해 나아갈 방향을 깨달을 수 있다고 말합니다.

릴케의 이 말을 우리가 경험한 코로나 팬데믹 시기에 적용해 보면 더 명료하게 와닿는 면이 있습니다. 이 시기야말로 '격리' '봉쇄' '집합 금지' 같은 단어들이 일상의 언어가 되어버린 '고독'의 시간이었으니까요. 여행과 외출, 심지어 출근도 금지되고 우리는 강제로 각자의 집에서 혼자만의 시간을 감당해야 했습니다.

미국의 한 경제학자는 코로나 경험을 두고 "우리 사회가 인생, 가족, 일에 대해 19개월간의 명상을 하게 된 것과 같다"라고 표현하기도 했죠. 실제로 고독의 시간 동안 사람들의 생각은 크게 변했습니다.

혼자 있는 시간이 준 변화

코로나 이후 가장 눈에 띈 변화는 일과 직장에서 일어났습니다. 미국의 퇴사율 집계가 시작된 2000년 이후, 2021년에 최고치를 기록한 것입니다. 사람들이 '더는 이렇게 살고 싶지 않다'라며 그동안의 불만과 고민을 정리하고 행동으로 옮긴 결과였습니다. 1930년대 있었던 경제불황의 시기를 대공황

The great depression이라 불렀던 것처럼 학자들은 이를 대퇴사The Great Recession의 시대라고 이름 붙였습니다. 그만큼 시대적인 의미가 있는 사건이었죠. 하지만 많은 회사가 웃돈을 주고도 직원을 구하지 못하는 퇴사의 쓰나미 속에서도 여전히 인기 있는 직장은 있었습니다. 바로 재택근무 등의 유연한 근무방식을 제공하거나 대면 업무를 하지 않아도 되는 회사들이었습니다. 벗어날 수 없다고 생각했던 출퇴근의 일상이 관성을 잃자 사람들은 자신이 원하는 삶의 방식을 선택할 힘을 얻은 것입니다.

고독이 준 불안과 자유

코로나 바이러스가 퍼지면서 성실하고 부지런하게 반복되던 저의 강사로서의 일상도 멈춰버렸습니다. 더 많은 사람을 만나 더 많이 가르쳐야 좋은 강사라는 그동안의 믿음도 허공에 떠버렸습니다. 쉼 없이 달려야 한다는 생각이 사라지자 앞으로의 커리어가 막막했습니다. 그러나 일상이 멈춰버려 불안하기만 했던 것은 아니었습니다. 끝없이 인맥을 확장하며 세를 넓혀가는 동료들을 보면서 느꼈던 위기감도 멈췄고, 정신없이 아이의 등굣길과 출근길을 오갔던 혼돈의 아침 일상도 멈췄습니다.

갑자기 생긴 혼자만의 시간이 불안해서 집중했던 것이 바로 유튜브였습니다. 정부의 권고대로 정말 원 없이 집에만 있으면서 일에 집중하다 보니, 때로 세 시간이 삼십 분처럼 흘렀고 조용한 몰입의 시간이 행복했습니다. 그렇게 사회적 거리두기가 시작된 지 한 달이 지나자 신기한 일이 생겼습니다. 유튜브 채널의 구독자 수가 가파르게 올라가기 시작한 것입니다. 일 년이 지나자 구독자가 10만 명이 되었고, 곧 20만, 30만을 넘겼습니다.

어학원에 재직하던 시절, 학원 대표가 저의 맥락 없는 이력서를 보고 고개를 저은 적이 있습니다. 대학 시절 언론인을 꿈꾸며 언론정보학을 전공했고, 20년 가까이 영어 강사로만 일했으며, 대학원에서는 상담심리를 공부한 얼룩덜룩한 이력을 보고 "넌 뭘 하고 싶은 거니?"라고 묻기도 했죠. 그런데 방구석에 앉아 유튜브 영상들을 만들다 보니 '사람들의 심리를 이해하는 영어 콘텐츠와 뉴스를 전하는 채널'을 운영하기에 제 이력은 꽤 괜찮은 스펙의 조합이었습니다. 전에는 상상도 못했던 재능의 쓸모를 발견하곤, 어쩌면 그동안 사람들과 속도를 맞춰 달리느라 한 번도 마음껏 나 자신이 되어본 적은 없는 게 아닐까 하는 생각마저 들었습니다.

고독을 통해 힘을 얻는 내향형

행복학자이자 팟캐스트 진행자인 아서 브룩스 교수는 외향형 중심의 사회에서 자기 그대로의 모습을 인정받기 어려운 내향형의 신세를 두고 "개들의 나라에 사는 고양이"에 비유했습니다. 그러면서 그는 팬데믹 시대에는 우리 사회가 잠시 '고양이의 나라'가 되었던 셈이라고 말합니다. 내향형들이 관계를 맺고 일하는 방식이 표준이 되는 세상이었다는 것이죠.

실제로 버몬트 의과대학에서 실시한 연구 결과에 의하면 팬데믹 기간동안 외향형들은 더 힘든 시간을 보냈다고 답한 반면, 내향형들은 평균적으로 평소보다 오히려 기분이 좋았다고 답했습니다. 많은 내향형이 억지로 유지했던 관계들로부터 멀어지면서 편안함을 느꼈고, 마음이 맞는 소수의 사람과 교류하면서 더 행복한 자신을 발견할 수 있었던 겁니다.

이처럼 원치 않는 외부의 소음, 계속해서 추가되는 할 일의 목록과 만나야 할 사람들, 조심해야 하는 관계를 유지하는 일과 빈틈없는 무리 생활에서 벗어나 고요한 시간 속에 있을 때 내향형들은 자신이 가진 재능을 발견하거나 욕구를 깨닫습니다. 즉, 세상의 자극들과 거리를 둘 때 비로소 자신을 바라보고 이해하는 내향형에게는 고독이 곧 무기입니다.

한국에서 내향형으로 살기

I don't want to be alone. I want to be left alone.
혼자이고 싶다는 것은 아니에요. 다만 저를 좀 내버려 뒀으면 좋겠어요.

오드리 헵번 Audrey Hepburn

혼자 있는 것의 의미

내향형들은 관계의 욕구를 최소한으로 충족시키고자 합니다. 소수의 사람과 깊이 있는 교류, 혹은 혼자 있는 시간이 주는 평온함을 즐기기 때문입니다. 내향적이었던 배우 오드리 헵번은 'to be alone(혼자 있기)'을 원하는 것이 아니라 'to be left alone(혼자 내버려두기)'을 원한다고 말합니다. 둘의 차이는 무엇일까요? 전자는 물리적으로 혼자 있는 상태를 말합니다. 아무도 없는 텅 빈 골목을 걷고 싶다거나, 외딴 섬에서 자연

인처럼 사는 것입니다. 후자는 '날 좀 그냥 내버려둬'라는 식의 심리적인 자유를 말합니다. '이런 사람들과 어울려라' '저런 모임에 참석해라' '이렇게 해야 옳다' 식의 조언, 그리고 타인과 계속해서 교류해야 한다는 부담에서 벗어나 자기 내면에 몰입할 수 있는 평온함에 대한 갈망입니다.

한국의 물리적 밀도

내향형에게 혼자만의 공간이 주는 위로와 휴식은 중요합니다. 그러나 한국에 살면서 혼자 있을 수 있는 쾌적한 공간을 확보하는 일은 쉽지 않습니다. 굳이 높은 집값을 들먹이지 않고 인구밀도만 보아도 극명하게 드러납니다. 전 세계 국가 중 인구가 천만 이상인 나라들의 인구밀도를 비교해보면 한국은 1제곱 킬로미터당 531명으로 4위에 해당합니다(2023년 기준, 출처: World population review). 전 세계 평균적으로는 해당 면적 내에 60명이 살고 있으니 한국의 수치는 세계 평균의 9배에 가깝습니다. 만약, 서울에 살고 있다면 상황은 더 심합니다. 서울은 1제곱 킬로미터 안에 1만 5천 명이 넘는 사람이 삽니다. OECD 국가 중 1위이며, 런던이나 도쿄보다 3배 더 많은 수치입니다. 그러니 한국에 사는 내향형들은 어디에 가도 혼자 있기 어렵습니다. 나만의 공간이 없어 화장실 변기에 앉아 숨을 돌리는 아이 엄마나, 사람들로 북적이는 휴게실이 내키지 않아 배회하는 직장인의 모습은 내향형들의 흔한 일상이기도 합니다.

한국인의 관계주의

심리적으로는 더 심합니다. 한국만큼 타인의 시선을 의식하며 살아가는 사회도 없기 때문입니다. 한국인의 심리를 연구하는 사회심리학자 허태균 교수는 한국인의 특징 중 하나로 '관계주의'를 꼽습니다. 한국인들은 자신의 정체성을 타인과의 관계 속에서 찾고, 상황과 관계에 맞춰 행동하려는 경향이 있다는 것입니다. 그래서 한국 사회에서는 '눈치ability to read a situation'가 중요합니다. 상대의 말을 곧이곧대로 이해하는 대신 상황과 맥락을 해석하고 행간과 뉘앙스까지 감지하는 눈치가 사회생활의 필수 덕목입니다. 관계주의적 사회에서 제대로 기능하기 위해서는 외부를 향한 심리적인 레이더를 쉼 없이 작동시키고 보이지 않는 신호들을 수신하려 노력해야 하는 것이죠. 그만큼 자신의 생각과 느낌에 집중하는 고요한 시간을 누리기가 어렵습니다.

영어를 위한 자기만의 방

이렇게 인구밀도가 높고, 관계주의적 문화를 가진 한국에

영국 로드멜에 있는 버지니아 울프의 집필실

사는 내향형이라면 영어 공부에 앞서 가장 먼저 자기 성향에 대한 이해와 수용이 필요합니다. 그래야 내향형으로서 느끼는 어려움을 영어 공부의 어려움과 혼동하지 않을 수 있습니다.

심리적, 물리적 밀도가 높은 사회에서 내향형들이 어려움을 겪는 이유는 외부 자극에 더 민감하기 때문입니다. 『셀프 힐링 마인드』의 저자 그레고리 스콧 브라운은 내향형은 직관력이 있으며 스스로의 생각뿐 아니라 외부 환경도 더 잘 인지한다고 말합니다. 특히 사람들에 둘러싸여 있을 때 타인의 말이나 표정, 몸짓과 행동에 더 민감하게 반응하죠. 그만큼 더 잘 소진되고 지칠 수밖에 없습니다.

그래서 한국에 사는 내향형에게는 영어 공부에 집중할 수 있는 나만의 공간이 더욱 필요합니다. 내향형으로 알려진 작가 버지니아 울프는 여자에게 필요한 세 가지로 "연간 500파운드의 돈, 문을 잠글 수 있는 자기만의 방과 자신의 생각을 표현할 수 있는 용기"를 꼽았습니다. 이것은 영어 공부를 하고자 하는 내향형에게도 적용할 만한 조언입니다. 최소한의 여윳돈과 나의 생각을 표현해 보고자 하는 의지, 그리고 무엇보다 고요히 혼자 영어를 공부할 수 있는 자기만의 방이 필요합니다. 영어로 글이 쓰고 싶어지는 만년필이 있는 작은 책상일 수도 있고, 한적한 카페의 구석에 있는 테이블일 수도 있습니다. 내향형으로 존재할 수 있는 공간이 확보될 때 영어 역시 환영받을 순간이 생깁니다.

내향형의 영어 실력에 대한 오해

Extroverts sparkle, introverts glow.
If you appreciate your own quiet glow, other people will see it too.
외향형들이 빛을 반사해 반짝인다면 내향형들은 어둠을 밝히며 빛을 냅니다.
자신이 가진 조용하고 은근한 불빛을 소중히 여긴다면
다른 사람들도 곧 그것을 알아챌 것입니다.

소피아 뎀블링 Sophia Dembling

심리학자이자 칼럼니스트인 소피아 뎀블링은 자신의 책에서 외향형이 빛에 반짝인다면sparkle, 내향형은 어둠 속에서 빛을 낸다glow고 표현했습니다. 'sparkle'은 빛이 표면에서 반사되어 작은 빛들이 반짝이는 모습을 나타냅니다. 다이아몬드 같은 보석이나 반짝이는 옷의 화려함이 느껴지는 단어입니다. 물건이 아니라 사람에게 쓸 때는 발랄하고 활력이 넘친다는 의미가 되기도 합니다.

반면에 'glow'는 빛에 반사된 반짝거림이 아니라 스스로 타오르는 불빛을 의미합니다. 마치 노을처럼 주변을 밝히는 뭉근한 빛의 느낌입니다. 만약 사람에게 'You are glowing today'라고 말하면 건강한 몸과 행복한 내면 때문에 얼굴이 환하다는 뜻이 됩니다. 이처럼 sparkle과 glow가 둘 다 빛을 낸다는 뜻을 가졌지만 그 뉘앙스는 다릅니다. 내향형과 외향형이 영어로 대화할 때 발산하는 매력의 차이 역시 이 두 단어에 비유해 살펴볼 수 있습니다.

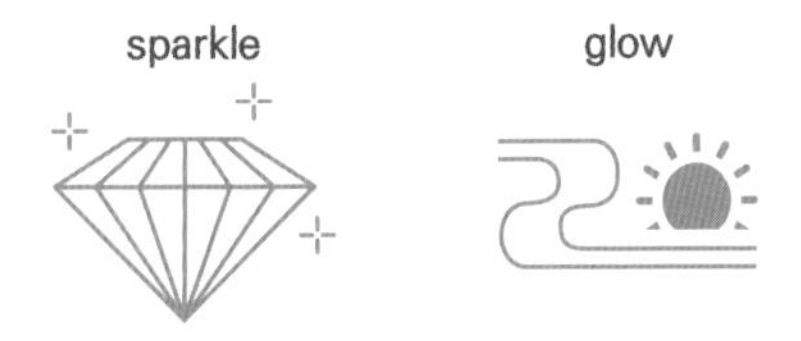

sparkle하는 외향형

외향형들의 경우 영어를 하는 스타일에도 화려함이 있습니다. 임기응변에 능하고 즉흥적으로 자신의 재치를 뽐낼 줄 알기 때문에 사람들의 시선을 잘 사로잡습니다. 가수 싸이 씨가 영국의 한 토크쇼에 출연했을 때의 대화가 그 사례입니다. 진행자는 그가 신은 양말을 보고 짓궂게 굴며 "발목 양말을 신고 있네요. 우리는 그걸 여자들 양말lady socks이라고 불러요" 라고 말합니다. 그러자 싸이 씨는 아무렇지도 않은 표정으로 "왜 그런지 모르겠는데, 여자들 물건이 저한테 참 잘 맞아요" 라며 천연덕스러운 표정으로 되받아칩니다. 진행자는 잠시 생각에 잠긴 듯하다가 "저도 그래요Me, too"라고 말하자 방청객들은 웃음을 터트리며 손뼉을 칩니다. 싸이 씨의 영어 실력이 대단하다고 느껴지는 이유는 그의 영어가 문법적으로 완벽하거나 고급 어휘를 써서가 아닙니다. 그보다 웬만한 상황에 압도되거나 당황하지 않는 그의 배짱과 재치에 매료되기 때문입니다. 그의 말솜씨는 절로 감탄이 나오죠.

glow하는 내향형

많은 사람이 '슈퍼 내향형'이라고 추측하는 최우식 씨가 영어 할 때 보여주는 매력은 싸이 씨와는 전혀 다릅니다. 초등학교 때 캐나다로 이민을 하여서 학창 시절을 보낸 최우식 씨는 한 예능 방송에서 유창한 영어실력을 발휘한 적이 있습니다. 외국인 투숙객들이 한옥을 체험하는 내용의 이 방송에서 호스트로 등장한 그는 손님들에게 계속해서 질문을 던집니다. 전공은 무엇인지, 한국에는 왜 오게 되었는지 손님 한 명 한 명에게 관심을 보입니다. 또, 밤에 추울 것에 대비해 '웃풍'

이나 '온돌'에 대해 영어로 설명해주는 그의 표현들은 섬세하기까지 합니다.

There's little gap between every door.
There's a lot of wind coming in and out.

문들 사이에 작은 틈이 있는데 바람이 들어오고 나가요.

But the floor is steaming hot. So, it's okay.

하지만 바닥은 엄청 따뜻해서 괜찮아요.

그런데 많은 사람의 주목을 받는 기자회견장에서 최우식 씨가 영어 하는 모습은 좀 다릅니다. 미국의 한 시상식에서 해외 기자가 영화 〈기생충〉의 수상이 앞으로 아시아 영화계에 미칠 영향에 관해 물어오자, 최우식 씨는 영어로 답변을 잘하다가 갑자기 당황한 듯 말끝을 흐립니다. 그리고는 통역사에게 도움을 요청합니다. 사실 최우식 씨는 영어뿐 아니라 한국어로 진행하는 시사회에서도 기자들의 질문에 어쩔 줄 몰라 하며 답변을 마무리하지 못한 적이 있습니다.

드라마 〈파친코〉로 해외에서 많은 주목을 받은 배우 김민하 씨 역시 비슷한 경우가 있습니다. 내향형으로 알려진 그녀는 미국 유명 토크쇼인 〈스티븐 콜베어쇼〉와 〈CBS 모닝즈〉 인터뷰에서 차분하고 유창한 영어로 자신이 출연한 드라마를 소개했습니다. 하지만 제20회 아시안 아메리칸 어워즈에서 TV 부문 신인상 수상자로 호명되어 무대에 올라갔을 때는 당황한 모습이었습니다. 무대 위에서 놀란 표정으로 관객들을 바라보던 그녀는 영어로 "와, 정말 사람들이 많네요. 할 말을 준비했다고 생각했는데 다 잊어버렸어요. 세상에! 너무 긴장돼요"라며 어쩔 줄을 몰라 합니다.

많은 내향형이 비슷한 모습을 보일 겁니다. 즉흥성을 발휘해야 하는 순간에 큰 부담을 느끼고, 말하던 중에 갑자기 아무 생각이 안 나서 당황하며 두서없이 말하기도 합니다. 내향형들이 소수의 사람과 대화할 때는 자연스레 부드러우면서도 강한 존재감을 드러내지만, 다수의 사람들 앞에서 말하려면 더 많은 연습과 준비가 필요한 이유입니다.

문화적으로 우리는 외향적인 소통 방식을 선호하는 데다가 영어 실력을 서열화하고 평가하는 것에 매우 익숙합니다. 그래서 많은 사람 앞에서 영어로 연설하는 능력을 가진 것을 더 우월하게 여깁니다. 하지만 소통의 도구로서 영어의 쓰임은 다양하고, 사람들 각자가 가진 대화의 강점과 매력 역시 각기 달라서 하나의 절대적인 기준으로는 우열을 가릴 수 없습니다. 말을 조곤조곤 하는 것이 매력인 사람도 있고, 사람들의 주목을 끄는 우렁찬 목소리가 장점인 사람도 있습니다. 순발력과 재치 때문에 대화를 나누기가 즐거운 상대도 있지만, 상대를 편안하게 해주는 배려와 경청 때문에 인기가 많은 사람도 있습니다. 만약 내향형인 사람이 외향형의 강점과 자신의 약점을 자꾸 비교하거나 평가한다면, 자신만의 강점을 놓치게 될 수 있습니다. 소피아 뎀블링의 말처럼 내향형은 군중들 앞에서 반짝이는 화려한 빛이 없을 수도 있지만 대신 주변을 은은하게 밝히는 자체 발광의 매력을 가졌음을 기억해야 합니다.

내향형들이 영어 공부하는 이유는 다르다

Your visions will become clear
only when you can look into your own heart.
Who looks outside, dreams; who looks inside, awakes.
당신의 비전은 스스로의 마음을 들여다볼 때 뚜렷해집니다.
밖을 내다보는 자는 꿈을 꾸지만, 내면을 들여다보는 자는 깨어나기 때문입니다.

칼 구스타브 융 Carl Gustav Jung

스위스의 정신과 의사 칼 융은 내향형과 외향형의 개념을 처음으로 소개한 사람입니다. 그는 밖을 내다보다 보는 자와 내면을 들여다보는 자의 차이를 'dream'과 'awake'라는 동사로 설명합니다. 외부에 시선을 둔 사람들은 멋진 것을 경험하기를 갈망하며 꿈을 꾼다면dream, 자신의 마음을 들여다보는 자들은 내면에 잠자고 있던 열망과 재능을 깨운다는awake 것입니다. 이 두 단어를 영어 공부에 적용해 보면 내향형과 외향형의 공부 동기 차이를 더 잘 이해할 수 있습니다.

우리가 흔히 접하는 영어 공부의 동기는 더 높은 스펙을 쌓고, 더 넓게 인맥을 확장하며, 더 많은 연봉을 얻기 위함입니다. 그러나 이런 동기는 외향적인 사고방식만 반영한 것입니다. 이런 관점에서 영어는 더 많은 외적인 자극을 추구하기 위한 수단이 됩니다. 대부분의 영어 수업 교재들이 이런 관점을 반영하고 있죠. 낯선 사람에게 자기를 소개하는 말, 음식을 주문하거나 길을 묻는 방법 등을 가르치며 외부 미지의 세계를 경험하기 위한 준비를 돕습니다.

하지만 실제로 교실에서 만나는 수강생들에게 "왜 영어 공부를 하려고 하시나요?"라는 질문을 던지면 그보다 훨씬 더 다양한 답변을 듣게 됩니다. '그냥 자막 없이 영화를 보고 싶어서'라고 답하는 사람들도 있습니다. 집에서 한 발자국도 나갈 필요가 없는 공부의 동기입니다. 또는 외국어를 배우는 과정에서 발 빠르게 해외 콘텐츠를 접하는 것이 뿌듯하다고 말하는 사람도 있습니다. 그렇다고 그들이 이직의 기회나 더 많은 돈을 벌 가능성에 전혀 관심이 없는 것은 아닙니다. 다만, 이들은 과정의 기쁨을 외부의 보상보다 더 의미 있게 여깁니다.

내향형이 영어 공부하는 이유

제 강의에서 최고령 수강생이었던 70대 초반의 A 할머니를 처음 만난 날, 영어 공부를 하시는 이유를 물었습니다. 그러자 할머니는 난데없이 자식 이야기를 꺼냈습니다. 열심히 뒷바라지 한 자식들 자랑인 줄 알았던 이야기의 끝은 예상과 날랐습니다. 너무 바쁘게만 사는 자식들과 몸이 아픈 남편 사이에서 자신의 인생이 공허하게 느껴졌다는 이야기였습니다. 죽기 전에 남을 위해 사는 것이 아니라 내 공부를 한번 해보고 싶어 등록했다는 할머니의 목소리에서 떨림이 느껴졌습니다. 젊은 수강생들보다 더 성실했던 할머니의 영어 공부는 외적인 성취나 사회적인 인정을 위한 것이 아니었습니다. 그동안 미뤄놓고 잘 보지 못했던 자기 내면의 성장 욕구를 충족시키기 위한 도전이었습니다.

30대 초반의 B 씨 역시 자기만의 영어 공부 동기가 있었습니다. 말수가 적고 차분한 성격의 B 씨는 3년이 넘도록 늘 같은 자리에 앉아 새벽 7시 회화 수업을 듣는 직장인이었습니다. 결석도 없이 꾸준하게 공부하는 B 씨에게 외국계 회사로 이직을 원하는지, 유학을 염두에 두는지 공부의 목적을 물었더니 그녀는 의외로 간단한 대답을 했습니다. 교통 체증을 피해 새벽에 여유롭게 출근하고, 커피 한 잔을 사 들고 들어와 영어 수업을 듣는 이 아침 시간이 만족스럽다고 말입니다. 그녀에게 영어 공부란 하루를 평온하면서도 주도적으로 시작하는 루틴이었던 것이죠.

자극 쫓기와 의미 찾기

내향형과 외향형에게 영어 공부가 갖는 의미가 다른 이유는 심리적 에너지가 흐르는 방향이 다르기 때문입니다. 칼 융에 의하면 외향형은 정신적 에너지가 다른 사람이나 상황 등 객관적인 외부 세계를 향해 흐르고, 내향형은 정신적인 에너지를 밖으로 내보내지 않고 자아와 주관의 내부 세계로 모은다고 합니다.

외부의 무언가와 접촉되어 있을 때 편안하고 안정감을 느끼는 외향형들에게 동기가 되는 것은 곧 외부의 자극인 셈입니다. 그래서 외향형들은 외부에 있는 '자극 쫓기'를 통해 새로운 에너지를 얻습니다. 영어 공부에서도 마찬가지입니다. 낯선 사람들을 만나는 스터디 모임이나 여행지에서 사람을 사귀는 일은 외향형들에게는 그 자체로 매력적인 자극입니다. 새로운 사람들을 만날 수 있다는 기대감에 의욕이 생기거나, 남들과 다른 스펙을 쌓거나 로맨틱한 경험을 할 수도 있다는 것을 떠올리기만 해도 에너지가 솟으며 자발적인 의지가 생깁니다.

하지만 내향형들은 외부 상황의 변화가 일어나면 그 사건의 의미에 관심을 두며 자신의 주관적인 반응을 더 중요하게 여깁니다. 따라서 외부 자극이 주는 설렘과 흥분은 내향형을 움직이게 하는 힘이 아닙니다. 내향형의 기쁨은 내면의 상태와 의미 발견에 달려있습니다. 아이디어에 집중하거나 생각을 명료화할 때 느끼는 평온한 기쁨, 마음에 와닿는 대화를 나누거나 주변에 대한 깊이 있는 통찰을 얻을 때의 충만함이 내향형을 움직이게 합니다. 그래서 내향형에게 겉으로는 잘 보이지 않는 영어 공부의 내적인 의미를 찾는 것은 어마어마한 힘이 됩니다. 그 의미를 음미하고, 그 기쁨을 누릴수록 내향형들의 내면에 잠자고 있는 재능과 열의가 깨어나기 때문입니다.

내향형의 영어 자신감

We confide in our strength, without boasting of it.
We respect that of others, without fearing it.

나 자신의 강점을 신뢰하되 자랑하지 않고,
타인의 강점을 존중하되 두려워하지 않는다.

토머스 제퍼슨 Thomas Jefferson

내향형과 외향형의 말하는 방식 차이

내향형과 외향형이 가장 극명한 차이를 드러내는 부분은 바로 생각을 말로 표현하는 과정입니다. 외향형들은 먼저 입으로 말을 내뱉기 시작하며 동시에 머리로 생각을 합니다. 말을 풀어나가는 과정에서 즉흥적으로 생각이 정리되기도 하고 아이디어도 떠오릅니다. 하지만 그러다 보니 말이 장황해지고, 시간이 지난 후에 말한 내용을 떠올리려 하면 무슨 말을 했었는지 기억이 안 나기도 합니다. 반면에 내향형들은 머릿속으로 생각이 정리된 후에 입을 뗍니다. 특히 많은 사람 앞에서 말을 해야 하는 자리일수록 준비와 연습에 의지합니다. 영어뿐 아니라 우리말로도 준비가 되지 않은 발표나 연설을 해야 한다면 당황해서 머릿속이 백지가 되기 십상입니다. 이것은 영어에 대한 자신감이 크고 작고의 차이가 아니라 기질적인 차이입니다.

영어 실력과 자신감

대체로 사람들은 자신감 있는 모습과 태도라고 하면 대담함을 떠올립니다. 그래서 많은 내향형은 스스로가 자신감이 부족하다고 말합니다. 심지어 유창하게 영어를 구사하는 사람들조차도 자신이 가진 영어 자신감에 대해서는 부정적인 경우가 많습니다.

"보통 영어에 자신감이 있다는 건 곧바로 자기 생각을 영어로 표현하는 거잖아요. 그런데 어쩌면 저는 평생 그런 자신감이 안 생길 것 같다는 생각도 들어요. 남들이 보기에는 모를 수도 있지만, 저 자신이 느낄 때는 여전히 사람들 앞에서 영어를 해야 할 때 긴장이 되고 주저하거든요."

— 영어강사 A 씨

"솔직히 저는 아직도 영어 울렁증이 있어요. 모르는 사람한테 먼저 말을 걸고 다가가는 것은 죽었다 깨어나도 못해요. 한국어로도 못하니까요. 그래서 처음에는 난 영어가 안 되나 보다 하고 여러 번 좌절했어요. 근데 혼자 편하게 있을 때나 상황에 따라서는 영어가 잘 나오더라고요."

— 영어교육 팟캐스터 B 씨

"방송 업무를 시작한 지 얼마 안 됐을 때 영어로 아이비리그 대학생을 인터뷰하고 있었어요. 화상 인터뷰에 동석했던 미국의 대학교 홍보 담당자가 제게 좀더 목소리를 키워달라는 요청을 하셨어요. 너무 작게 말한다면서요. 굉장히 당찬 이미지에 카리스마가 강하신 분이었는데 지적을 받고서는 위축되었던 기억이 납니다. 그 이후로는 영어할 때 더 크게 말하고 강한 말투를 쓰려고 노력하지만 그런 것이 힘들게 느껴질 때가 있어요.

— 영어 방송작가 C 씨

이들은 모두 영어방송이나 교육 분야에 종사하며 탁월한 영어 능력을 갖추고 있습니다. 그래서 스스로가 영어를 못한다거나 대화 능력이 없다고 여기지는 않지만, 영어에 대한 자신감은 부족하다고 말합니다. 목소리가 작고 낯선 사람과의 대화를 주저하는 내향적인 특징을 가지고 있기 때문입니다. 그러나 엄밀히 살펴보면 이들은 영어 자체에 자신감이 없다기보다는 '자신감 넘쳐 보이도록' 영어를 구사하기를 어려워했습니다.

내향형이 정의하는 자신감

흔히 사람들이 말하는 자신감 있어 보이는 행동들은 외향적인 기질을 가진 사람들의 행동과 일치합니다. 많은 사람 앞에서 주목받기를 즐기고 큰 목소리로 말하며, 낯선 사람에게도 먼저 말을 거는 것을 꺼리지 않는 행동들이 이에 해당하죠. 이것들은 내향적인 사람에게는 어렵거나 불편합니다. 대신 내향형들은 영어 실력을 쌓으면서 그들 나름대로 자신감을 정의합니다.

영어를 써야 하는 새로운 업무에 도전하는 것을 피하는 저 자신을 보고 사실은 자신감이 없다고 생각했죠. 지금 생각해보면 외향적이거나 카리스마 있는 사람들을 흉내 내려고 했던 것 같아요. 그래서 스스로에게 실망하기도 했어요. 이제는 저에게 있어 영어 자신감이란 차곡차곡 천천히 제 커리어를 쌓아가는 것이라고 생각합니다. 내 업무 분야에서는 충분히 영어로 잘 소통할 수 있다고 나 자신을 믿는 게 진짜 자신감이라고 생각해요.

— 회사원 D 씨

"저에게 영어 자신감은 나에 대해 이야기하겠다는 의지와 욕구입니다. 과연 내가 영어에 자신감이 있나 회의적이었어요. 그런데 어느 순간 보니까 내 이야기를 하고 싶다는 욕구가 자신감이 되었다는 생각이 들었습니다. 내 영어가 완벽하냐 못하냐는 중요하지 않고, 그보다는 내 이야기를 하고 싶다는 마음이 더 중요해질 때, 자신감이 생긴 거라고 생각합니다."

— 프리랜서 E 씨

"영어를 어느 정도 잘하게 되어도 공부는 끝이 없더라고요. 제가 생각할 때 영어 자신감은 스스로에 대한 만족입니다. 새로운 것을 공부하는 것도 중요하지만 이미 내가 알고 있는 것들을 충분히 활용해서 대화하고 그에 대해 만족할 줄 아는 것이 자신감이라고 생각해요. 완벽하게 해야 한다는 생각을 내려놓고 지금 가진 것으로도 충분하다고 믿는 것이죠."

— 영어 방송작가 C 씨

많은 사람이 자신감 있는 태도와 외향성을 혼동합니다. 말수가 많다거나 목소리가 크다고 해서 자신감이 꼭 높은 것은 아니죠. 자신감은 말 그대로 '자신을 신뢰하는 마음'이며, 자신감이 드러나는 행동은 앞서 말했듯 사람의 기질에 따라 다릅니다. 또한 본질적으로 자신을 신뢰하는 사람은 타인과 나를 비교하며 스스로 괴롭히지 않고, 실패가 두렵다고 새로운 도전을 피하지 않습니다. 미국의 제3대 대통령이었던 토마스 제퍼슨은 "자신의 강점은 신뢰하되 자랑하지 말고, 타인의 강점은 존중하되 두려워하지 말라"고 말했습니다. 자신감 있는 태도를 정의하는 듯합니다. 남들이 생각하는 자신감 있는 모습에 나를 맞추려 하거나 외향적인 성격을 따라 하려고 애쓰지 않아도 괜찮습니다. 내가 가진 힘을 발견한다면 자신만의 영어 자신감을 가질 수 있을 테니까요.

셀럽들에게 배우는 나다운 영어

자존감 높은 영어

각종 시상식에서 봉준호 감독이 우리말로 말하고, 통역사인 샤론 최가 영어로 통역한 수상 소감이 많은 사람에게 깊은 인상을 남겼습니다. 하지만 봉준호 감독이 해외 인터뷰나 시상식에 참석할 때 늘 통역사에게 의지했던 것은 아닙니다. 수상 소감처럼 주어진 시간 안에 촉박하게 답변해야 하는 경우에는 통역사의 도움을 받았지만, 상황에 따라서는 직접 답하기도 했습니다.

한번은 봉준호 감독이 미국 유명 토크쇼에 게스트로 출연했습니다. 2019년 칸 영화제에서 영화 〈기생충〉으로 황금종려상을 받은 이후 〈지미 팰런쇼〉에 초대된 것입니다. 지미 팰런은 영화제 상영회에서 봉준호 감독이 기립 박수치는 관객에게 '이제 집에 가자'라고 말한 것을 재미있어하며 당시 상황에 대해 묻습니다. 봉준호 감독은 "그때가 매우 늦은 시간이었어요It was very late (at) night"라고 영어로 설명을 시작하다가 다시 우리말로 이어갑니다. “기립박수가 되게 길게 이어지는데, 저랑 배우들이 다 되게 배가 고팠어요. 저녁을 제대로 못 먹어서.” 그러자 샤론 최는 이를 영어로 통역합니다. 배가 너무 고팠다는 이야기에 진행자가 웃자 봉준호 감독은 다시 그와 눈을 마주치며 영어로 말합니다.

But the applause never stopped.
So, finally, I said, “Let’s go home!”

그런데 박수갈채가 멈추질 않았어요.
그래서 제가 결국 “집에 갑시다”라고 했죠.

이처럼 봉준호 감독의 영어는 타이밍을 놓치지 않습니다. 복잡하거나 생각이 필요한 순간에는 통역사의 도움을 받지만, 토크쇼의 특성상 유머의 타이밍을 살리기 위해서는 직접 답변하며 유연하게 움직입니다.

그런데 또 하나 봉준호 감독의 영어 인터뷰에서 인상적인 것은 ‘답변’ 통역만 있고, ‘질문’ 통역이 없다는 것입니다. 보통의 경우에는 영어 질문을 먼저 한국어로 번역해주면 답변하고, 다시 그 대답을 영어로 바꿔서 전달하는 식입니다. 하지만 봉준호 감독은 통역의 도움 없이 영어 질문들을 바로 이해할 수 있었기 때문에 더 타이밍 좋게 답할 수 있었던 것입니다.

봉준호 감독이 영어로 소통하는 모습을 보면 유연하면서도 자신감 있는 태도가 느껴집니다. 때로는 나보다 더 잘하는 사람의 도움을 받는 것도, 또

전부 통역에게 미루지 않고 내가 할 수 있는 수준의 언어를 통해 상대와 교감하는 것도 자신감이 있을 때 나오는 태도입니다. 전 국민이 통역사처럼 영어를 잘할 필요는 없습니다. 실력을 증명하려는 듯 영어에 매달리는 사람보다는 교감과 소통을 더 중시하고, 다른 사람의 도움도 받을 줄 아는 사람이 더 매력적입니다. 그것이야말로 자존감 높은 영어 스타일입니다.

기억하면 좋을 표현

기립박수가 길게 이어졌다.

The standing ovation lasted very long.

The ______________________________

내향형이 느끼는 영어 공부의 기쁨

I think introverts can do quite well.
If you're clever, you can learn to get the benefits of being an introvert.

내향형들에겐 능력이 있습니다.
똑똑하다면 내향형으로서의 장점을 활용하는 법을 배울 겁니다.

빌게이츠 Bill Gates

초등학생 딸과 종종 동네 공원으로 산책하러 갑니다. 제가 좋아하는 산책 루트는 사람이 별로 없는 숲으로 난 산책로입니다. 키가 제법 큰 나이 든 나무에 둘러싸여 걷다 보면 세상으로부터 분리된 느낌이 듭니다. 아이와 조곤조곤히 대화를 나누기도 하고, 가을에는 잠시 멈춰서서 노트를 꾸밀 때 쓸 낙엽을 함께 줍기도 합니다. 고요한 숲길에서 느끼는 평온함에서 새로운 에너지를 얻는 것입니다.

하지만 아이의 입장은 다릅니다. 딸 아이가 가고 싶은 길은 농구장과 놀이터로 이어지는 길입니다. 그 길에서 아이는 모래놀이를 하는 아이들 틈 사이에 은근슬쩍 끼어서 모래성을 쌓기도 하고, 꼬여있는 그넷줄을 풀어달라고 모르는 언니에게 부탁하기도 합니다. 아이는 사람들과 어울리며 즐거운 기분으로 전환되는 것이죠. 이렇게 내향형과 외향형은 같은 목적지에 갈 때도 서로 다른 방법과 과정을 택합니다. 만약 산책하러 자주 나가고 싶다면 아이는 놀이터를, 저는 평화로운 산책로를 떠올려야 몸이 움직여지는 것처럼 영어 공부를 할 때도 성향에 따라 효과적인 동기부여의 방식이 다릅니다.

도파민 vs 아세틸콜린

외향형과 내향형이 기쁨을 누리는 방식이 다른 것은 '행복물질'이라 불리는 도파민에 반응하는 방식이 다르기 때문입니다. 도파민은 우리를 흥분시키고 설레게 합니다. 가령, 무대 위에 설 때 느끼는 짜릿함, 새로운 이성을 만날 때 느끼는 설렘, 많은 사람 앞에서 박수받을 때 느끼는 흥분과 같은 것들이 도파민이 주는 보상입니다. 내가 어떤 도전과 노력을 한 후에 신나고 재미있고 자극적인 도파민 보상을 느낀다면 매번 기대감이 생기면서 동기부여가 되겠죠.

특히 외향형의 뇌는 강한 도파민 자극을 즐깁니다. 그래서 위험해 보이는 일에 더 과감하게 승부를 걸고, 승진, 돈, 인맥과 같은 외적 보상을 통해 효과적인 동기부여가 일어납니다. 마이클 코헨 박사와 동료 연구자들은 인지 연구Cognitive Brain Research 저널에 실린 2005 fMRI(자기공명영상) 연구를 통해 이를 증명합니다. 도박에서 이기는 순간의 뇌 반응을 살펴본 결과 외향형의 뇌가 내향형보다 더 강하게 반응한다는 사실을 알아낸 것입니다. 이는 도박뿐 아니라 모험적인 스포츠나 아슬아슬한 경험의 유혹에도 외향형들이 더 큰 흥분을 느끼고 더 큰 유혹을 느낄 수 있다는 것을 시사합니다.

반면에 내향형들의 뇌는 도파민이 조금만 분비되어도 크게 자극되고 활성화되는 편도체 탓에 부담감과 긴장감을 더 잘 느낍니다. 이 때문에 신나고 새롭고 위험한 것들을 오히려 소란스럽게 여기고, 자극적인 유혹에도 잘 흔들리지 않습니다. 이러한 내향형들에게 행복감을 주는 신경전달물질은 도파민이 아니라 아세틸콜린입니다. 아세틸콜린은 우리가 책을 읽거나 고요하게 무언가에 마음을 집중할 때 분비되는 물질입니다. 아세틸콜린이 분비되면 평화롭고 여유로우면서도 깨어 있는 기분과 안락함을 느끼게 됩니다.

한방을 쫓지 않는 내향형의 뇌

세계 최고의 갑부이자 투자의 귀재라 불리는 워런 버핏은 내향형으로 알려져 있습니다. 그가 대학에서 강연할 때 한 대학생이 그에게 일과가 어떻게 되는지 물었습니다. 어쩌면 질문자는 세계적인 부자가 황금 같은 시간을 쪼개어 쓰는 극 효율적인 비법 같은 것을 기대했을지도 모르겠습니다. 그런데 그가 공개한 일과는 아주 단순했습니다. 하루에 적어도 6시간 이상 책이나 보고서 등 무언가를 읽고, 하루 1~2시간은 누군가와 통화하는 데 사용한다는 것입니다. 내면의 균형 감각을 유지하고, 본능과 직감의 날을 예민하게 세우기 위해 매일 방해받지 않는 혼자만의 시간을 충분히 갖는 것이었죠. 또한 워런 버핏은 자신의 성공 요인이 충동적인 결정을 내리지 않는 것이라고 말합니다. 매일 요동치는 주식 시장에서 평정심을 잃지 않을 힘, 순간적인 감정에 휩쓸려 결정을 내리지 않는 판단력이 중요한데, 그게 바로 이 단조로운 일과에서 나온다는 것입니다. 도파민이 주는 충동에 휩쓸려버리는 많은 사람 사이에서 내향성의 강점을 투자의 무기로 사용하는 것이 그의 성공 비결인 셈입니다.

영어 공부를 시작하면 단기간에 성과를 보고 싶어 합니다.

영어로 말하는 속도가 눈에 띄게 빨라졌다거나, 영어 인증시험 점수가 급상승하는 것처럼 눈에 보이는 변화, 즉 '도파민' 보상이 있기를 원하는 것이죠. 하지만 내향형들은 조바심에 휘둘리지 않고 꾸준히 영어 공부를 이어나갈 수 있는 내적 자산을 가지고 있습니다. 앞서 언급한 빌게이츠의 말처럼 내향형들은 영리하게 자신의 강점을 활용할 줄 알아야 합니다. 내향형은 자신만의 루틴을 만들고 그 안에서 아세틸콜린이 가져다주는 몰입의 기쁨을 경험할수록 영어 공부를 꾸준히 이어나갈 수 있는 단단한 힘이 생길 것입니다. 끈기란 즐겁지 않은 일을 끈질기게 지속하며 스스로를 괴롭히는 것이 아닙니다. 나에게 맞는 행복 호르몬을 분비하는 루틴과 나의 강점을 살리는 공부법을 포기하지 않고 끈질기게 찾아내려는 노력이 진정한 끈기입니다.

내향형에게
속도보다 중요한 것

Stay true to your own nature. If you like to do things in a slow and steady way, don't let others make you feel as if you have to race. If you enjoy depth, don't force yourself to seek breadth.

타고난 성향에 솔직해져야 한다. 만약 천천히 꾸준하게 일하고 싶다면 굳이 다른 사람들을 의식해 경주하듯이 일하지 않아도 된다. 깊이가 더 중요하다고 느낀다면 억지로 폭넓은 사람이 되려 하지 않아도 괜찮다.

수잔 케인 Susan Cain

천천히 살피며 일의 과정을 즐기다 보면 혹시 내가 게으르거나 느린 것이 아닌지 불안해질 때가 있습니다. 취미를 깊이 파고드는 모습에 주변 사람들에게 시간 낭비를 한다고 지적을 받기도 합니다. 하지만 내향형들은 타고나길 폭넓은 활동보다는 깊이 있는 탐구와 발견을 즐깁니다. 『콰이어트』의 작가인 수잔 케인 또한 타인을 의식하기보다는 자신의 성향을 진실되게 받아들이라고 말합니다.

영어 경주를 하는 사람들

영어 공부에서도 마찬가지입니다. 많은 영어 학습 관련 광고는 '누구나 3개월만 하면 영어가 된다' '6개월 만에 원어민처럼 유창해졌다' 같은 말들로 조급증을 불러일으킵니다. 물론 성실하게 공부하고 효율적인 성과를 내는 것은 권장할 만한 일입니다. 그러나 마치 경주라도 하듯 누가 더 빨리 유창해지는지 증명해서 최대한 빨리 영어 공부를 끝내려고만 하는 것은 다른 문제입니다. 이런 태도를 가지고 영어를 공부하면 공부 기간이 길어질수록 불안한 마음이 생겨서 영어 공부의 습관을 들이기가 힘들어집니다. 영어 공부의 과정에서 느낄 수 있는 즐거움을 생략하거나 무시하고 성과만을 우선시하는 풍조를 만들 뿐이죠.

노력만 하면 단기간에 영어를 마스터할 수 있을 것 같지만 실제로는 단기간에 영어를 유창하게 하는 사람들은 거의 없습니다. 평범한 언어능력을 가진 저 역시 그랬습니다. 눈에 보이지 않는 느린 성장을 하다가 한 계단 올라섰다는 것을 뒤늦게 발견하는 식이었습니다. 특히나 내면 세계의 조화를 통해 에너지를 얻는 내향형들에게는 빠른 속도가 성공적인 영어 공부의 핵심이 아닙니다. 내면의 욕구를 충족시키는 기쁨을 찾아가며 섬세한 언어의 기술을 쌓는 것이 내향형에게 맞는 영어 공부 방식입니다.

나다운 공부법을 찾아가는 사람들

50대의 A 씨는 뜻하지 않게 회사를 그만두고 나서 허전한 일상을 영어 공부로 채웠습니다. 직장을 다닐 때는 억지로 영어 공부를 해보려 해도 지속하기가 어려웠지만, 퇴사 후에 만난 영어는 새롭게 느껴졌습니다. 학원에 다니며 다양한 나이대의 새로운 사람들을 만나고 생산적인 공부를 한다는 것에서 활력을 느꼈습니다. 그러나 학원 수업은 함께 공부하는 사람들이 계속 바뀌고 무작위의 사람들과 대화를 나눈다는 단점이 있었습니다. A 씨는 1년 후 학원을 그만두고 영어 과외와 화상영어로 공부를 이어갔습니다. 마음이 맞는 선생님 한 명과 꾸준히 대화하는 것이 더 효과적이었죠. 그렇게 총 5년 정도 지속해서 영어 공부를 하고 나니 대단히 유창해진 것은 아니었지만 영어로 하는 대화가 즐겁고 편해졌습니다. 그러던 때에 A 씨는 우연히 미국의 한 기관이 주관하는 미술 관련 자격증에 도전했고, 새로운 직업을 찾게 되었습니다. 그녀는 뒤돌아 보면 퇴사 후 무기력해졌던 시기에 영어를 만난 것이 다행이라고 말합니다. 그녀에게 영어는 새로운 도전에서 얻어지는 에너지였고 미처 몰랐던 자신의 새로운 재능을 찾게 해준 도구였습니다.

40대 B 씨는 초등학생 아이를 둔 엄마입니다. 그녀는 초등학교 6학년 때 원어민 선생님에게 말해보고 싶은 영어 문장을 혼자 중얼거리며 학원에 가던 때를 기억합니다. B 씨는 영어를 잘하는 스스로가 좋았습니다. 친구들에게 기가 죽을 때도 영어를 잘한다는 것이 자부심이었습니다. 회사를 그만두고 출산 후에 우울증이 찾아왔을 때 다시 붙잡은 것도 영어였습니다. B 씨는 매일 혼자 영어를 낭독하기 시작했습니다. 영어 뉴스를 읽고 녹음하며 영어 연습을 했고, 토익 문제집을 두 권 사서 책 속에 있는 지문을 모두 소리 내어 읽고 녹음했습니다. 그리고 마흔이 넘은 나이에 영어교육 업체에 취업하며 새로운 도전을 시작했습니다. B 씨는 영어를 생각하면 힘들 때에도 물러서지 않고 끝까지 파고드는 힘이 나에게 있다는 사실이 상기되고 자신감이 생긴다고 말합니다.

이 둘의 공통점은 긴 여정을 통해 내면의 퍼즐을 맞추듯 자신에게 어울리는 영어 공부법을 찾아갔다는 것입니다. 나의 성향을 무시하고 꾸역꾸역 공부한 영어는 한 줄 스펙에 불과합니다. 하지만 나에게 맞는 방식을 찾아가다 보면 자연스레 나의 관심사나 재능에 대해서도 알게 됩니다. 그렇기에 자기 속도 대로 꾸준히 걸어 나가는 내향형의 영어 공부는 그 자체로 나다움의 역사가 됩니다.

내향형과 외향형의 적극성 차이

Introverts enjoy people-watching.
Extroverts enjoy people watching.
내향형은 사람들을 구경하는 것을 즐기고,
외향형은 사람들이 쳐다보는 것을 즐긴다.

조니 선 Jonny Sun

영어를 잘하려면 적극적인 태도가 매우 중요합니다. 적극성은 내가 가진 생각이나 목표에 따라 능동적으로 행동하는 태도를 말합니다. 즉 어떤 것을 해내고자 하는 마음이 생겼을 때 노력을 다해 성과로 이어지게 하는 힘이 바로 적극성입니다. 그런데 내향형과 외향형이 적극성을 드러내는 방식은 전혀 다른 경우가 많습니다.

작가 조니 선은 'people'과 'watch' 사이에 하이픈(-) 하나로 외향형과 내향형의 성향 차이를 설명해냅니다. 내향형은 사람들을 구경하는 것people-watching을 즐기고, 외향형은 사람들이 자신을 쳐다보는 것people watching을 즐긴다고 말이죠.

외향형의 적극성

이런 차이는 적극성을 발휘하는 태도에서도 그대로 드러납니다. 한 예로 한국 최초로 미국 메이저리그에 입성한 박찬호 선수가 삼십여 년 전 첫 입단식을 할 때의 영상을 보면 매우 흥미롭습니다. 팀의 동료들이 빙 둘러앉은 자리에서 그가 자기소개를 하죠. "I am from Hanyang University. Okay?(전 한양대학교 출신입니다. 오케이?)" 출신 대학을 말하고는 "오케이?" 하고 되묻는 모습에서 꺾이지 않는 기세가 느껴집니다. 그때 한 미국 선수가 혹시 아는 미국 노래가 있냐고 그에게 묻자, 그는 아무렇지도 않게 당당한 목소리로 "Happy birthday to you~"하고 영어로 생일 축하 노래를 부릅니다. 동료들은 모두 웃음을 터트립니다. 영어 실력과 상관없이 분위기를 장악하는 박찬호 선수의 배짱에 감탄하게 되는 장면입니다. 이처럼 외향형들은 이루고자 하는 목표가 있으면 저돌적인 태도로 적극성을 발휘합니다. 많은 사람의 주목에 기죽지 않고 오히려 긴장감을 즐길 줄 압니다.

내향형의 적극성

내향형들은 예상치 못한 자극을 싫어하고 이를 최소화하려는 경향 때문에 낯선 상황에 대한 부담을 느낍니다. 하지만 이런 성향이 적극적인 태도를 만나면 의외의 강점이 됩니다. 외향형이 불편함과 정면 승부를 펼친다면, 내향형은 불편한 자극을 미리 제거하기 위해 성실하고 구체적인 대비를 하기 때문입니다. 영화 〈기생충〉의 오스카 레이스에서 통역사로 활동한 샤론 최는 세련되면서도 정확한 통역으로 세계 언론의 주목을 받았습니다. 하지만 그녀는 한 예능 방송에 출연해 당시 속마음을 털어놓은 적이 있습니다.

"사라지고 싶었어요. 망하면 여기서 그냥 쓰러질까 생각했어요."

시상식 날짜가 다가오면서 몰려오는 불안감을 떨치기 위해 그녀가 한 일은 철저한 연습이었습니다. 답변만 준비한 것이 아니라 주어진 시간에 맞춰 통역하기 위해 답변의 길이와 타이밍까지 연습했다고 합니다. 또한 그녀는 봉준호 감독이 등장하는 모든 인터뷰 영상을 찾아보았죠. 봉준호 감독이 평소 영화에 대해 가진 철학을 이해하고, 그의 말의 뉘앙스와 의도를 제대로 전달하기 위해서였습니다. 미국의 각본가 겸 기자제넬 라일리가 샤론 최의 통역하는 모습을 보고 감탄한 것도 바로 그 지점이었습니다. 그는 그녀를 자신이 본 중 최고의 통역사라고 칭하며, "말뿐 아니라 톤과 마음까지 전달"한다고 찬사를 보냈습니다.

외향형은 사람들의 주목을 즐기고, 내향형은 사람들을 관찰하기를 즐긴다는 조니 선의 말처럼 긴장되는 상황에서 두 사람이 대응하는 방식은 내향형과 외향형의 차이를 잘 보여줍니다. 박찬호 선수는 사람들의 주목을 즐기듯 주변을 압도하는 기세를 보여준다면 샤론 최는 사람들을 관찰하고 이해하며 섬세함과 끈질김으로 상황을 헤쳐 나갑니다. 누가 더 멋지고 대단하다 할 것이 없습니다. 각자 자기 스타일대로의 적극성이 최고의 대응 방법입니다.

내향형과 외향형에 대한 편견

It takes courage to grow up and become who you really are.
자신의 본모습으로 성장하기 위해서는 용기가 필요하다.

E.E. 커밍스 E. E. Cummings

내향형은 소심하고 사교성이 떨어지고, 외향형은 활기차며 주도적이라는 이분법적인 생각은 내향형은 부정적이기만 하고, 외향형은 긍정적이기만 하다는 편견을 불러일으킵니다. 하지만 소심함과 신중함이 한 끗 차이이듯 단점과 장점은 동전의 양면처럼 맞붙어 있습니다. 내향형과 외향형이라는 성향 또한 좋은 성격, 나쁜 성격으로 단정 지어 생각해서는 안 됩니다.

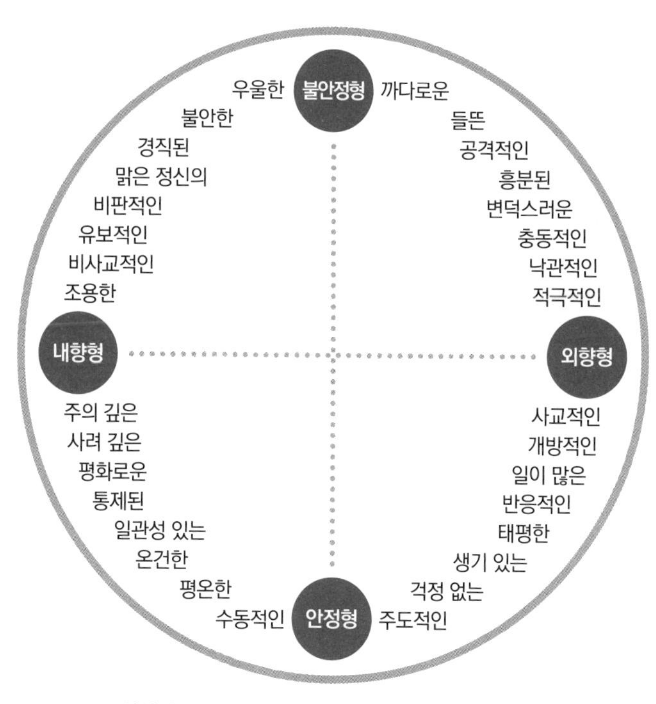

아이젱크가 보는 특성 차원(Eysenck & Eysenck, 1985)

안정형 vs 불안정형

성격에 관해 연구한 심리학자 한스 아이젱크는 내향과 외향의 이분법적 축에 신경증의 축을 더했습니다. 내향형과 외향형을 각각 높은 신경증이 있는 '불안정형'과 낮은 신경증이 있는 '안정형'으로 나눈 것입니다. 먼저, 불안정형인 사람들은 어떤 일의 긍정적인 면보다 부정적인 것에 집착하며 스트레스에 취약하고 완벽주의에 시달립니다. 반면 안정적인 유형의 사람들은 자신의 능력에 맞는 목표를 설정하여 스스로를 괴롭히지 않습니다. 또, 문제가 생겼을 때도 좋은 점과 나쁜 점을 균형 있게 바라보며 스트레스를 조절합니다.

안정형과 불안정형의 신경증 축과 내향형과 외향형의 축이 만나면 성향은 네 가지로 분류됩니다. 첫 번째는 '안정적인 내향형'입니다. 이들은 사려 깊고 믿음직하여 주변 사람들의 신뢰를 받습니다. 많은 사람과 어울리기를 좋아하지는 않지만 소수의 사람과 끈끈하고 안정적인 관계를 유지합니다. 쉽게 화를 내거나 흥분하지 않고 평정심을 잘 유지하며 신중한 결정을 내립니다. 두 번째, '불안정한 내향형'은 신중해 보이지만 비관적인 편입니다. 중요하지 않은 문제를 부풀려 받아들이거나 걱정과 생각이 많아 우유부단합니다. 또한, 경직되어 있고 사교적이지 못해 관계의 어려움을 겪기도 합니다. 세 번째로 '안정적인 외향형'은 긍정적이고 활달한 성격을 가졌으며 낯선 사람들과 쉽게 사귑니다. 근심이나 걱정이 없고 태평하다는 평가를 많이 듣습니다. 또, 갑작스러운 변화나 어려움이 와도 스트레스를 잘 견딥니다. 네 번째, '불안정한 외향형'은 주도적이고 적극적인 인상을 주지만 충동적이고 화를 잘 내는 편입니다. 많은 사람과 어울리는 것을 좋아하면서도 안정적이고 신뢰가 있는 관계를 맺기는 어려워합니다. 또한 활동적이고 모험심이 있어 새로운 일에 도전하는 것을 즐깁니다. 하지만 변덕을 부리거나 끈기가 부족한 모습을 보이기도 합니다.

이러한 성향의 차이는 영어 공부 방식에 있어서 다양한 모습으로 발현됩니다. 첫 번째, '안정적인 내향형'은 영어 공부를 할 때 어려움에 쉽게 좌절하거나 조바심 내지 않고 자신만의 루틴을 가꾸며 꾸준함을 발휘합니다. 섬세하고 깊이 있는 안목과 통찰을 힘으로 사용하며 포용력 있는 성격과 경청하는 태도가 대화를 나눌 때 매력이 됩니다. 두 번째, '불안정한 내향형'은 영어 공부를 할 때도 틀리는 것을 두려워하고 실수하지 않는 것에 지나치게 집착할 수 있습니다. 사람들의 부정적인 평가에 대한 불안이 크기 때문에 과도하게 문법적인 규칙에 얽매이며, 정작 말하기 연습은 회피하는 등 도전을 두려워하기도 합니다. 또한 위축된 마음 때문에 안정형과 다르게 사람들과 영어로 대화하는 것을 어려워합니다. 세 번째, '안정적인 외향형'들은 영어 모임이나 수업에서 가장 역량을 잘 발휘하는 사람들입니다. 대화를 나눌 때도 자기 자신에 대한 솔직한 이야기를 잘 털어놓고 상대에게 반응도 잘해주며 분위기를 주도합니다. 이들은 인맥을 확장하고 새로운 도전을 시도하며, 계속해서 영어로 대화하고 긍정적인 경험을 쌓을 수 있는 기회를 만들어 나가는 데 유리합니다. 마지막으로 '불안정한 외향형'은 영어 공부를 할 때도 남들이 하기 어려워하는 새로운 도전을 쉽게 시도하지만 끝이 흐지부지되어버리거나 금세 흥미를 잃습니다. 천천히 실력을 다져나가기보다는 과도하게 높은 기대치를 세워서 기본기가 부족할 수 있습니다.

그러나 이 네 가지 유형이 확정적이거나 절대적인 것은 아닙니다. 이 유형들이 영어 공부에 대한 자신의 태도를 이해하는 데 도움이 될 수 있지만 그렇다고 이러한 틀에 본인을 가둘 필요는 없습니다.

다면적인 나

사람 대부분은 외향적인 면과 내향적인 면을 모두 가지고 있고, 안정적이고 불안정한 면모들 역시 동시에 가지고 있습니다. 안정적인 사람이라고 해도 상황과 시기에 따라 불안정한 면이 더 강해지기도 하고, 불안정한 유형의 사람도 자기이해와 노력에 따라 안정적인 사람으로 성장하기도 합니다. 그러므로 쉽게 누군가에 대해 '어떠한 사람이다'라고 단정 지어 판단하는 것이 성격을 분류하는 목적은 아닙니다. 성격의 유형을 아는 것은 나 자신에 대해 이해하고 고민해볼 수 있는 기준점을 갖기 위함입니다. 나의 내향적인 면과 외향적인 면, 안정적인 면과 불안정한 면모들에 대해 극단적으로 해석하는 대신 오히려 다면적으로 이해하기 위해 필요한 지식인 셈입니다.

"The one who knows me the best loves me the most(나를 가장 잘 이해하는 사람이 나를 가장 사랑하는 사람이다)"라는 말이 있습니다. 나에 대해 지나치게 폄하하는 것도, 반대로 과장하여 꾸미는 것도 나 자신을 위한 일이 아닙니다. 좋고 나쁨의 이중적 잣대 대신 나를 더 객관적으로 이해하려 노력하고, 다면적인 나의 여러 모습을 그 자체로 애정하는 것이 진정으로 나를 사랑하는 방법입니다.

셀럽들에게 배우는 나다운 영어

문화 감수성이 실력이 되는 영어

방탄소년단의 RM 씨는 뛰어난 영어 실력으로 잘 알려져 있습니다. 방탄소년단이 해외 활동을 할 때 그의 영어 실력이 큰 도움이 되기도 했죠. 그는 어려서는 미국 시트콤을 보며 공부했다고 밝혔고, 또 음악을 좋아하다 보니 자연스레 팝송 가사를 통해 영어를 접했다고 합니다. 이후에는 좋아하는 외국 힙합 뮤지션들의 인터뷰를 보면서 열심히 회화 공부도 했다고 합니다. 그런데 RM 씨가 공부한 방법들을 잘 들여다보면 뭔가 공통점이 있습니다. 바로, 자신이 가진 문화적 감수성을 도구로 영어 공부를 해왔다는 것입니다. 그러니까 영어를 접할 때 단순히 표현이나 문장들만 암기하고 공부한 것이 아니라, 아티스트들의 언어를 통해 영감과 자극을 받은 것입니다. 그리고 그가 가진 영어에 대한 태도는 영어를 구사할 때도 그대로 드러납니다.

방탄소년단이 2017년 미국 빌보드 뮤직 어워드에 참석했을 때의 일입니다. 리포터가 RM 씨에게 "Are you ready to become North American hearthrob?(북미에서도 할쓰랍이 될 준비가 되셨나요?)"이라고 질문을 합니다. 질문을 들은 RM 씨는 고개를 갸우뚱하더니 스스럼없이 "왓 이즈 할쓰랍?"이라고 단어의 뜻을 되묻습니다. 리포터는 웃으면서 인기남이라는 뜻을 설명해주고, 멤버들은 카메라를 향해 손키스를 하며 할쓰랍다운(?) 끼와 매력을 과시하고 화기애애하게 인터뷰를 마무리합니다. 모르는 단어가 나와도 경직되지 않는 태도에서 오히려 자연스러운 멋이 느껴집니다.

라이브 방송으로 해외 팬들과 대화할 때도 비슷한 모습을 볼 수 있었습니다. 그는 팬들에게 안티들에 대해 너무 신경 쓰지 말라면서 "중요한 것은 팬들과 BTS의 인연이다"라는 말을 합니다. 그는 '인연'을 영어로 설명하려고 하지만 불교적 의미가 담긴 이 단어를 정확하게 한 단어로 바꾸기는 어렵습니다. (connection은 인맥이나 교감의 느낌이 강하고, relationship이라는 단어는 '관계'라는 뜻으로 우연이 만들어낸 소중함의 의미가 없습니다.) 그러자 그는 "We became something(우리가 무언가가 되었다)"이라는 쉬운 문장으로 말문을 뗍니다. 그리고는 "매일 아침이 고통스러울 수 있고, 불행한 일이 일어나는 것이 인생이다. 하지만 우리가 멋진 무언가를 함께 만들어가고 있다는 것이 나에게는 가장 중요하다"라고 말합니다. 그러니까 인연이라는 단어를 번역하는 대신 그가 생각하는 '인연'의 의미, 즉 고된 삶 속에서 서로에게 힘을 주는 관계에 대한 감사한 마음을 풀어서 전한 것입니다.

RM 씨가 이렇게 단어 실수나 표현의 옳고 그름에 연연하지 않고 자신감 있는 소통을 하는 비결은 영어를 스펙이 아닌 문화 일부로 보기 때문입니다. 영어를 도구 삼아 다른 사람들과 문화를 교류하고 향유하고자 하는 마음 자체가 영어 공부의 무기가 되는 셈입니다.

기억하면 좋을 표현

그는 미국의 인기남이야.

He is the American heartthrob.

He

그동안 우리는 왜
외향형처럼 공부했을까?

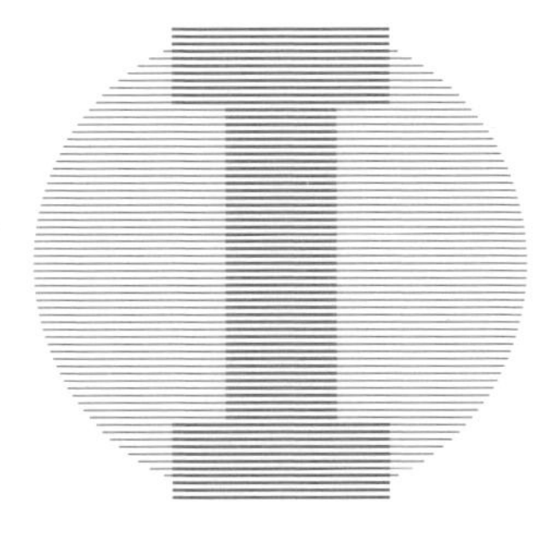

Chapter 2

II

내 향 형
영어의 특징

내향형은 실수를 예방하며 배운다

If you're proactive, you focus on preparing.
If you're reactive, you end up focusing on repairing.

주도적인 사람은 대비하는 데 집중하지만,
반응적인 사람은 수습하는 데 집중한다.

존 맥스웰 John C. Maxwell

영어 회화를 잘하는 방법으로 '실전에서 부딪혀라' '실수하며 배워라'라는 조언을 자주 듣게 됩니다. 하지만 이는 외향적인 사람들에게 훨씬 더 와닿을 만한 조언입니다. 즉흥적인 모험을 즐기는 외향적인 사람에게는 직접 부딪히며 경험해보는 일이 그다지 어려운 도전이 아니기 때문입니다. 또한 이들은 낯선 사람 앞에서 자기 이야기를 하며 주목받길 즐기는 편이기 때문에 이 방법은 그 자체로 대화의 즐거움과 모험적인 경험에 대한 기대감을 줍니다. 오히려 외향형들은 정해진 말을 미리 준비하고 연습하는 과정을 지루하게 여길 수 있습니다. 대본에 얽매이지 않고 자유로운 상황에서 일어나는 일들이 더 즐겁게 느껴집니다.

반면에 내향형은 말하기보다는 듣기를 더 즐기거나, 낯선 사람과 편해지는 데 시간이 필요한 편입니다. 그런 내향형에게 준비 없이 직접 부딪혀보는 경험을 통해 실력을 쌓는 것은 상대적으로 어려운 일입니다. 물론 정기적으로 자신의 영어 실력을 시험해볼 수 있는 기회를 만들고 도전하는 것은 중요합니다. 그러나 자신에게 편하거나 즐겁지 않은 방식을 옳다고만 여기고 끈기를 발휘하려 한다면 영어와 더 멀어지게 될지도 모릅니다.

내향형과 외향형의 발표 준비

내향형이었던 저는 학창 시절에 영어 발표를 해야 할 때면 유난히 연습을 많이 했습니다. 먼저, 노트에 발표에서 할 말을 영작해 봅니다. 완성된 대본을 타이핑하며 문법을 고치거나 내용을 명료하게 수정합니다. 그 다음엔 수정된 원고를 출력해서 자신감 있게 내뱉어지지 않거나 발음을 정확하게 모르는 단어를 찾아내기 위해 여러 번 소리 내 연습합니다. 또,

긴 문장 중 어디에서 끊어 읽을 것인지, 어떤 내용을 강조하며 말할 것인지 생각하며 반복 연습을 합니다. 그 후에는 연습한 대본은 치워버리고 주요 요점만 정리한 종이를 보며 리허설을 합니다. 그 내용을 녹음해서 들어보며 스스로 수정사항을 찾아내고 다시 녹음합니다. 이제 영어 발표에 대한 자신감을 키우는 데 큰 도움이 되었던 마지막 단계입니다. 최종 리허설 녹음파일을 여러 번 다시 듣는 것입니다. 노력의 결과물을 반복해서 들을수록 완벽히 영어를 구사하는 스스로를 상상하게 되고, 발표에 대한 확신이 생기기 때문입니다. 시간이 오래 걸리고 복잡한 과정이지만 이렇게 영작하고, 낭독하고, 암기하고, 녹음하는 모든 과정 하나하나가 발표 내용을 완전히 내 것으로 만들기 위해 필요한 루틴이었습니다.

그러나 같은 수업에 있는 다른 유학생 친구의 발표를 보며 자존심이 상했던 적도 있습니다. 교실 앞에 선 그는 여유로운 태도로 스크린에 뜬 자료 화면을 보며 즉석에서 생각나는 대로 말을 이어갔습니다. 내용에 대한 자신감과 그의 느긋한 태도 때문인지 완벽하지 않은 영어여도 발표 내용은 잘 전달되었습니다. 그의 발표를 보며 며칠에 걸려 열심히 발표 준비를 한 시간이 낭비처럼 느껴졌고, 너무 소심한 방법으로 공부하고 있다는 회의감도 들었습니다.

그런데 졸업할 때쯤 되어서는 생각이 달라졌습니다. 발표뿐 아니라 다양한 과제들을 꼼꼼하게 수행하면서 저의 영어 실력이 달라졌음을 깨달았기 때문이었습니다. 사용하는 어휘들은 더 다양해졌고, 발음과 억양도 더 정확해졌습니다. 하지만 편안하고 재치 있게 영어를 구사하는 그의 영어 실력은 제자리였습니다. 제 공부법이 지나치게 많은 시간이 소모된다는 약점과 꼼꼼하게 준비하는 과정에서 실력이 는다는 장점을 모두 가지고 있었던 것처럼, 느긋한 그의 영어 스타일에도 역시 장점뿐 아니라 단점이 있었던 것입니다.

주도성이 되는 내향성

앞서 언급했던 존 맥스웰의 "주도적인proactive 사람은 대비하는 데 집중하지만, 반응적인reactive 사람은 수습하는 데 집중한다"라는 말은 내향형이 가진 잠재력에 대한 영감을 줍니다. 'proactive'와 'reactive'는 둘 다 'active'라는 단어를 포함하고 있지만 전혀 다른 뜻입니다. 'proactive'는 앞장서서 자신의 방식대로 일을 끌고 가려는 주도적인 태도를 의미하고, 반면에 'reactive'는 이미 일이 일어난 후에 행동을 취하는 반응적인 태도를 말합니다. 즉 실수에 대비하려는 내향형의 태도가 소심함이 아닌 철두철미함 혹은 주도성으로 이해될 수도 있다는 것을 상기시켜 줍니다.

사람의 어떤 성향도 좋거나 나쁘기만 한 것은 없습니다. 장점을 뒤집어보면 단점이 되기도 하고, 단점을 뒤집어 생각하면 그 사람의 장점을 알게 됩니다. 외향형들은 즉흥적인 대처에 탁월한 것이 장점이지만, 순간의 기지를 발휘하는 능력을 가진 것이 늘 좋기만 한 것은 아닙니다. 즉흥성을 믿고 스스로의 실수를 복기하고 고쳐보려는 구체적인 노력을 하지 않으면 실력이 정체되고 비슷한 실수를 반복할 수 있기 때문입니다.

반면에 내향형들은 새롭고 낯선 것에 대한 과감성이 떨어지고, 사전 준비에 많은 시간과 에너지를 쓰는 것이 약점이 될 수 있습니다. 하지만 자신에게 맞는 공부법만 찾으면 이 약점은 오히려 강점이 됩니다. 무턱대고 당당한 근거 없는 자신감이 아니라 반복적인 노력과 연습으로 자기 실력에 대한 확신을 쌓아갈 수 있기 때문입니다. 과감한 외향형들이 실수를 통해 배운다면, 내향형은 실수를 예방하려는 노력의 과정에서 성장합니다. 그러므로 내향성을 극복하려고 하는 대신 인정하고 역으로 이용할 수 있다면 내향성은 주도성을 촉진하는 힘이 될 것입니다.

외향형처럼 보이는 내향형이 에너지를 관리하는 방법

If you're a true introvert, other people are basically energy vampires.
You don't hate them. You just have to be strategic about when you
expose yourself to them - like the sun.
They give you life, sure, but they can also burn you.

진정한 내향형에게 타인은 에너지 뱀파이어들이에요.
그들을 싫어하는 건 아니에요. 하지만 사람들과 어울리는
시간에 대해 전략적이어야 합니다. 햇빛처럼 말이죠.
햇빛은 생명력을 주지만 화상을 입을 수도 있으니까요.

에이미 슈머 Amy Schumer

에이미 슈머는 미국에서 요즘 가장 핫한 배우이자 코미디언입니다. 그녀는 미국 내 시청률 1위 토크쇼 진행자였고, 세계적으로 영향력 있는 인물로 꼽힌 오프라 윈프리와 한 인터뷰에서 만납니다. 넘치는 에너지를 가지고 왕성한 활동을 하는 이 두 사람은 서로에게서 뜻밖의 공통점을 발견합

니다. 바로 그들이 둘 다 내향형이라는 점이었습니다. 오프라 윈프리가 파티에 가면 혼자 화장실에 숨어있기를 즐긴다고 말하자, 에이미 슈머는 자신 역시 그렇다고 말합니다. 그녀는 본인 같은 내향형들은 타인에게 에너지를 소모했기 때문에 휴식이 필요한 것이라고 설명합니다. 활발한 사회적 활동을 하는 내향형들이라면 누구보다 공감할 수 있는 이야기일 겁니다.

많은 사람은 겉모습만 보고 이 둘을 외향형으로 오해할 것입니다. 사교적이고 적극적이면 외향적, 소심하고 부끄러움을 타면 내향적이라는 편견이 있어서죠. 그러나 에이미 슈머는 오프라 윈프리가 내향형일 거라고 예상했다고 말합니다. 오프라 윈프리가 가진 강점이 그녀가 내향적인 사람이라는 것을 증명하고 있었기 때문입니다.

내향형의 예민한 편도체

사실 오프라 윈프리는 기자와 뉴스 앵커로서 방송 일을 시작했습니다. 하지만 그녀는 저널리스트답지 않게 지나치게 감정을 드러낸다는 지적을 받았고, 기자로서 일의 즐거움을 느끼지 못했습니다. 매일 지쳐있었고, 아침이면 억지로 출근했죠. 결국 방송사는 그녀를 한 토크쇼 진행자로 강등(?)시킵니다. 하지만 첫 토크쇼 인터뷰를 진행하면서 그녀는 생각지 못한 감정을 느낍니다. 일하면서 처음으로 내면에서 솟아오르는 기쁨과 살아있다는 기분을 느끼게 된 것입니다. 오프라 윈프리는 자신의 내향성을 강점으로 활용할 수 있는 일을 발견하자 미국 토크쇼의 역사를 쓰는 인물이 됩니다.

내향형이 가진 예민함은 타고난 생물학적 차이에서 옵니다. 미국심리학회 선정 '세계에서 가장 영향력 있는 심리학자 30인'에 속한 제롬 케이건Jerome Kagan은 신생아와 유아가 성인이 될 때까지 지켜보는 장기 연구를 통해, 과연 내향적 성격을 예측할 수 있는지 살펴보았습니다. 연구 결과, 자극에 크게 반응하는 아기들이 커서 내향적인 성격이 될 확률이 높으며, 그 이유는 태어날 때부터 과민한 편도체 때문이라는 결론에 이릅니다.

내향형들이 사교활동에 잘 지치는 것 역시 성격 문제가 아니라 바로 이런 생물학적인 반응 차이 때문입니다. 하지만 이 예민함은 같은 자극이 들어왔을 때 더 많은 정보를 인식하게 하는 장점이 되기도 합니다. 오프라 윈프리는 예민한 내향형의 뇌를 약점이 아닌 장점으로 승화시켜, 청중과 더 풍부하게 교감하고 깊이 있는 대화를 나누는 데 사용한 사례라고 할 수 있습니다.

내향형은 반양지 식물

흔히 식물들은 모두 햇빛을 듬뿍 받아야 잘 자랄 거라고 생각하지만 그렇지 않습니다. 노지에서 쨍쨍한 햇빛을 받아야 잘 자라는 건 양지 식물입니다. 반면 반양지 식물들은 하루 2~3시간 정도만 은은한 간접 광에 노출될 때 제일 잘 자랍니다. 만약 과하게 직사광선을 쬐게 된다면 잎이 타들어 가거나 색깔을 잃게 됩니다. 내향형에게도 반양지 식물처럼 과하지도 않고, 너무 부족하지도 않은 적당한 노출이 중요합니다.

에이미 슈머는 내향형들이 자신에게 맞는 환경을 조성하기 위해 전략적strategic이 돼야 한다고 말합니다. 자기 일에서 뛰어난 역량을 발휘하는 내향형일수록 에너지를 아껴 쓰고, 충전하는 방법을 잘 이해하고 있다는 것입니다.

상대의 마음을 편안하게 해주면서도 깊이 있는 대화를 끌어내며 국민 MC라 불리는 유재석 씨 역시 내향형입니다. 방송에서 늘 몸을 사리지 않는 열정과 쾌활한 에너지를 내뿜는 그는 평소 자기 관리를 강조합니다. 스케줄 전에는 되도록 사람을 만나지 않고 집에서 휴식을 취한다거나, 많은 사람과 연락을 주고받는 것을 피하기 위해 모바일 메신저를 사용하지 않는다는 사실을 방송에서 여러 번 언급하기도 했죠.

똑똑한 내향형들은 본인이 어느 정도 움직이고 활동해야

하고, 얼마만큼 휴식하고 충전해야 하는지에 대해 잘 이해하고 있습니다. 능동적으로 자신에게 맞는 최적의 루틴을 만들고 에너지의 균형을 지키는 전략이 있어야 자기 능력을 극대화할 수 있다는 것을 알기 때문입니다. 에이미 슈머가 '전략'을 강조하고, 유재석 씨가 '자기 관리'를 강조한 것처럼 일상의 리듬을 지키면서도 세상과 교류하기 위한 자기 돌봄의 규칙이 내향형들에게는 꼭 필요합니다.

내향형과 영어 울렁증

Don't let mental blocks control you.
Set yourself free. Confront your fear
and turn the mental blocks into building blocks.

심리적인 장벽들이 당신을 통제하게 두지 마세요.
스스로를 자유롭게 해주세요. 두려움에 맞서세요.
심리적인 장벽을 재료 삼아 새로운 것을 지어 나가세요.

닥터 루플린 Dr. Roopleen

영어가 입 밖으로 안 나오는 사람들

많은 사람이 효과를 보장하는 학습법만 찾으면 영어가 늘 거라고 착각합니다. 그래서 이런저런 프로그램들을 결제하고 공부를 해보지만 결과물은 나오지 않으니 고통스럽고 답답할 수밖에 없죠. 하지만 실제 회화 교실에 가 보면 입 밖으로 말이 안 나오는 이유는 심리적인 요인이 큽니다.

같은 회화 수업을 듣는 A 씨와 B 씨는 영어를 하는 방식이 매우 다릅니다. A 씨는 영어를 하려고 할 때마다 초긴장 상태가 됩니다. 그는 먼저 하고 싶은 말을 우리말로 떠올리고 그 내용을 다시 영어로 바꿔서 말하는 습관이 있습니다. 가령, '그건 주차위반이야'라는 말을 하려고 하면 A 씨는 '주차'와 '위반'이라는 단어들을 영어로 떠올려봅니다. '주차는 parking이고 위반은 violate이던가?' 막상 영어 단어를 떠올려도 과연 이 표현들이 맞는지, 또 어떻게 두 단어를 연결해야 할지 당황스러워집니다. 그렇게 우물쭈물하다 보면 더 말하기가 겁이 나죠.

반면에 B 씨는 영어로 대화할 때 여유가 있습니다. 아는 단어로 대충 말해도 상대가 알아듣기만 하면 된다고 생각하는 편이기 때문입니다. 예를 들어, '주차위반'이라는 말을 모르겠다 싶으면 "You can not park there(거기에 주차하면 안 돼요)"처럼 쉬운 말로 의도를 전달하는 데만 집중합니다. 그러다가 "No parking(주차금지)"이라는 단어가 떠오르면 부연 설명을 덧붙이기도 합니다. 그러다 보니 소통의 목적에만 집중해도 대화가 이어진다는 것에 대한 자신감이 생겼습니다.

A 씨는 수업을 듣고 나서도 배운 내용을 활용해서 말을 하기가 어렵습니다. 문장을 못 만드니까 문법 실력이 부족한가

싶어 문법 책을 구매합니다. 문법을 공부해도 말할 때 단어가 빨리 떠오르지 않으니까 어휘력이 부족한 건가 싶어 어휘 책도 하나 삽니다. 하지만 모두 헛다리입니다. A 씨가 보이는 이런 증상에 대해 한국인들이 지은 정확한 진단명이 있습니다. 바로 '영어 울렁증'입니다.

한국인들의 영어 울렁증

영어 울렁증이 생기는 이유는 개인의 성향이나 자신감 부족 때문만은 아닙니다. 중국어 울렁증이나 스페인어 울렁증이라는 말이 없는 걸 보면, 유독 영어가 부담과 불안감을 주는 언어라는 뜻입니다. 왜 그럴까요? KBS 다큐멘터리 〈당신이 영어를 못하는 진짜 이유〉(2011)의 한 장면을 통해 알 수 있습니다.

사람들이 북적이는 한국의 한 번화가에 외국인이 나타납니다. 마이크를 들고 영어 인터뷰를 시도하자 홍해가 갈라지듯 사람들은 서둘러 자리를 피합니다. 반면에 핀란드의 한 시장에서 같은 시도를 하자 전혀 다른 반응이 나옵니다. 완벽하지 않은 영어이지만 자유롭게 답변하는 모습입니다. 핀란드에서 영어는 대학에서 전문 교육을 받거나 엘리트여야만 구사하는 언어가 아닙니다. 시장에서 과일이나 생선튀김을 파는 사람들에게 영어로 요리법을 묻자 스스럼없이 영어로 답합니다. 한 시장 상인의 답변을 우리말로 살펴보면 다음과 같습니다.

생선에 밀가루를 묻혀 높은 온도의 기름에 튀깁니다.
그리고 프라이팬에 넣고 (볶으며) 소금을 조금 뿌립니다. 그게 끝입니다.

We put some ground flours on it. And then we deep fry it in an hot oil. And afterwards, we put it on a pan and just a bit of salt on it. That's it.

'묻히다'라는 말은 우리가 '넣다, 두다'라고 외운 동사 put을 썼고, '소금을 뿌린다'라는 말은 전치사 on을 써서 간단히 표현했습니다. 셀 수 없는 명사인 'flour(밀가루)'에 s를 붙인다거나 'oil' 앞에 an 붙이는 문법적인 실수가 보이기도 합니다. 하지만 무엇보다 그녀의 표정과 태도가 여유로워 보이는 것이 인상적입니다.

핀란드 사람들이 한국 사람들보다 영어 회화를 더 잘하는 이유는 그들이 더 성실해서가 아닙니다. 더 많은 책을 보거나 문법을 더 잘해서도 아닙니다. 문화와 교육 방식의 차이 때문입니다. 한국의 한 교양 방송에서 패널들이 원어민들과 함께 한국인의 영어 울렁증을 주제로 이야기를 나눈 적이 있습니다. 진행자가 원어민에게 '우중충하다'가 영어로 무엇인지 묻자 원어민들은 고개를 갸우뚱합니다. 한국어 단어의 뉘앙스를 정확히 알지 못하기 때문에 원어민 입장에서도 단어를 고민하다 보면 혼란스러움을 느끼기는 마찬가지인 것입니다. 그러자 한 영어 전문가는 한국인들은 지나치게 정확한 단어를 찾는 것에 집착하는 경향이 있다고 말합니다. 원어민 게스트들은 모두 이에 공감합니다. 정답을 찾듯 질문하는 것이 '코리안 스타일'이라며 웃습니다.

불확실성 회피가 높은 사회의 영어 교육

한국 사람들의 영어 울렁증에 한몫하는 것이 불확실성을 회피하려는 경향입니다. 네덜란드 출신 조직인류학자인 홉스테드Hofstede의 연구에 따르면 한국은 불확실성 회피 지수가 높은 나라입니다. 불확실성 회피 지수란 한 사회가 예측 불가능한 미래를 참지 못하는 정도를 수치로 나타낸 것입니다. 불확실성 회피가 높은 사회일수록 불안한 미래를 피하고자 바쁘게 열심히 살면서 눈에 보이는 실적과 결과를 추구하는 것이 특징입니다. 교육 분야에서도 수치화된 목표와 서열화된 평가가 중요하며 정답을 찾는 것을 중요하게 여깁니다. 반면에 불확실성 회피지수가 낮은 문화에서는 숫자로 된 성과를 쫓지 않습니다. 실제로 핀란드나 스웨덴처럼 불확실성 회피가 낮은 문화에서는 모호하거나 정답이 없는 교육적 가치가 허용되며 성적 평가에도 우열 구분이 뚜렷하지 않습니다. '네 말도 맞고, 내 말도 맞다'식의 열린 결말이 흔한 교육 환경입니다.

이런 문화 차이는 영어 교육 방식에서도 그대로 드러납니다. 한국인들은 정해진 시간 내에 지문을 해석하는 직독 직해 훈련에 시간 투자를 합니다. 빠르게 지문을 해석하기 위해서 되도록 많은 단어의 뜻을 효율적으로 외우는 법을 익힙니다. 실수 없이 답을 많이 맞혀 높은 점수를 받는 사람이 좋은 영어 성적을 받기 때문입니다. 그러므로 영어 울렁증은 교육되고 훈련된 관성이기도 합니다. 교육을 통해 상대가 내릴 평가에 대비하고, '정답'을 말해야 영어를 잘하는 것이라고 믿는 데에서 자동화된 반응이 생겼기 때문입니다. 학교 교육을 성실하게 이수한 사람일수록 이 관성은 더 강할 수밖에 없습니다. 안타깝게도 이런 교육을 받느라 우리가 놓친 것들이 있습니다. 모호하고 애매한 것을 견디며 내가 가진 생각을 표현하는 실력입니다. 좀 틀리더라도 자신의 생각을 말해본 경험, 그 자체가 절대적으로 부족합니다.

내향형의 영어 울렁증

영어 울렁증은 특히 내향형에게 더 큰 어려움을 줍니다. 영어를 말할 새로운 기회나 낯선 환경 등 영어와 관련된 외부 자극에 대한 불안감을 더 크게 느끼고, 타인의 평가에 대해서도 더 예민하기 때문입니다. 하지만 이런 어려움을 느낄 때, 내향형의 영어 울렁증을 '소심함' 정도로 뭉뚱그려 오해하면 해결책을 찾기가 어려워집니다. 영어 울렁증을 벗어나기 위해서는 오래된 습관을 버리기 위한 의식적인 노력이 필요합니다. 조용하게 내면에 집중해 자신에 대해 돌아보거나, 세심하고 끈질긴 노력을 이어가는 내향형만의 방식으로 말입니다.

영어 울렁증을 극복하기 위한 첫 번째 연습은 어휘에 대한 '양적인 집착'을 버리는 것입니다. 하루에 단어 10개를 뜻만 외울 것인지, 단 1개라도 써먹을 수 있도록 외울 것인지 선택해야 할 때 후자를 택하는 연습입니다. 단어를 입 밖으로 뱉을 수 있을 때까지는 상당한 시간과 연습이 필요합니다. 뜻만 외우는 것이 아니라 예문을 찾아 읽어보고, 스스로 문장을 만들어보면서 여러 번 반복해서 학습해야 합니다. 그렇지 않으면 아무리 외워도 막상 말을 할 때는 확신 있게 내뱉을 수 없습니다.

두 번째로 바꿔야 하는 습관은 직독 직해의 폐해와 연관되어 있습니다. 영어 문장만 보면 자동으로 직독 직해하려는 습관은 거꾸로 영어를 해야 할 때마다 한국어부터 떠올리게 만듭니다. 먼저 한국어로 생각하고 그걸 다시 영어로 번역하며 과부하가 걸린 번역기처럼 영어를 말하게 되는 것이죠. 이 패턴을 끊기 위해서는 영어를 영어로 풀어나가는 연습이 필요합니다. 예를 들어, 짧은 영어 이야기를 읽고 내용을 최대한 쉽게 영어로 요약해서 말해보는 겁니다. 또, 어려운 문장을 그대로 외우려 하지 말고 풀어서 쉬운 문장으로 고쳐 쓰는 연습도 도움이 됩니다. 이런 연습은 경직된 어휘 사용 습관을 유연하게 해주고 쉬운 단어로도 소통할 수 있다는 자신감을 키워줍니다.

마지막으로, 영어 울렁증이라는 심리적 장벽을 넘기 위해 무엇보다 중요한 것은 바로 자책을 멈추고 자신감을 쌓기 위한 노력을 하는 것입니다. 말해본 경험은 부족한데 어려운 것부터 공부해서 경험과의 간극이 넓어질수록, 잘하고 싶다는 기대치는 높은데 입 밖으로 나오는 단어들은 비루하게 느껴질수록 우리는 불안합니다. 이 불안을 이기는 방법은 오직 하나입니다. 다그치고 초조해하는 대신 기대치를 낮춰 꾸준한 루틴을 만들어 나가는 것입니다. 기초부터 차근차근 한 번에 한 걸음씩만 나아가도록 자신을 응원할 수 있다면, 높은 장벽처럼 느껴졌던 영어 공부의 과정도 성장의 계단이 될 것입니다.

내향형은 기초를 탈출하면 날개를 단다

Stop spending your time; start investing your time.
시간을 소비하는 걸 멈추세요. 시간을 투자하세요.

알 던컨 Al Duncan

영어 설국열차?

대학교 1학년인 A 씨는 여름방학을 맞아 영어 회화를 공부해야겠다는 생각에 회화 학원 기초반에 등록했습니다. 주 3회, 하루 1시간 30분씩 수업을 듣는다는 것이 생각보다 쉽지 않았습니다. 그래도 한 달 동안 12회 수업을 참석하고 나서는 영어에 대한 흥미가 생기는 것 같았습니다. 문제는 개학하고 나니 학원 시간을 내기가 어려웠습니다. 혼자 해보기로 결심했지만 학기가 시작되자 학점을 관리하는 것만으로도 벅찼습니다. 어느새 겨울방학이 되었고, 다시 영어 학원에

등록하려니 지난 방학에 공부한 것은 이미 다 까먹은 터라 기초반을 한번 더 수강해야 했습니다. 왠지 기초반만 반복하다가 끝날 것 같은 불길한 예감이 들자 수업 등록조차 망설여졌습니다.

학원가에서 기초반을 오랫동안 가르치다 보면 일종의 사이클이 있음을 알게 됩니다. 많은 사람이 연초나 방학 중 2~3개월 정도 영어 공부를 열심히 합니다. 그러다가 '회사 일이 바빠져서' '휴가 때문에' '시험 기간이어서'와 같은 이유로 공부를 멈춥니다. 그리고 돌아올 때는 다시 또 기초반 행입니다. 그래서 기초반 강의실은 늘 사람들이 북적입니다. 가장 많은 사람이 속해있지만 가장 벗어나기 어려운 구간이기 때문입니다.

다른 레벨과 교실 분위기도 다릅니다. 영어 대화가 능숙하지 않은 기초 레벨은 수강생들이 선생님을 향해 앉아서 필기하고, 소리 내 따라 읽는 모습입니다. 비슷한 수강료를 내지만 위 레벨로 올라갈수록 강의실은 한적합니다. 특히 고급레벨은 수업보다는 소모임 같은 분위기입니다. 원어민 선생님과 둥근 탁자에 둘러앉아 차를 마시면서 대화하는 모습에 여유가 넘칩니다. 지나친 비유일 수 있지만 수준에 따라 칸별로 다른 분위기인 설국열차가 떠오릅니다. 어쩌면 진짜로 이 사회는 영어 실력이 내 신분이 되고 내 삶의 수준이 되는 영어 계급 사회일지도 모릅니다. 적어도 영어를 서바이벌의 무기처럼 생각하는 사람들에게는 정말 그럴 것입니다.

내향형이 기초에서 빨리 벗어나야 하는 이유

보통 영어 공부를 할 때 많은 사람이 '중급자 슬럼프'에 대해 이야기합니다. 초반에 영어 대화를 주고받으며 기본적인 소통이 가능해지면 영어가 는 것 같다가도, 이후부터 공부량이 받쳐주지 않으면 더 이상 늘지 않기 때문입니다. 하지만 내향형들의 경우는 다릅니다. 유난히 말을 떼지 못하고 기초의 덫에서 헤어 나오지 못하는 경우를 많이 봅니다. 그러다가 오히려 중급에 가면 안정적으로 영어 공부를 이어나가는 경우가 많습니다.

내향형들이 초급을 벗어나기 어려운 이유는 낯선 사람과의 어색한 대화를 즐기지 않는 데다가 그 방법 외에는 기초 학습자들을 위한 프로그램이 제한적이기 때문입니다. 보통 기초 학습자들은 영어 기본기를 키우기 위해 우리말로 진행되는 강의를 들어야 합니다. 또한 기초자에게는 화상이나 전화영어는 어렵기 때문에 수업 규모가 큰 대형 강의를 수강하는 경우가 많습니다. 즉, 초반에 영어 대화의 경험을 쌓기 위해서는 내향성을 거스르는 영어 공부법을 택할 수밖에 없는 것입니다.

하지만 중급이 되면 내향형의 세상입니다. 기본 실력이 쌓이면 애호와 관심 분야를 반영해 콘텐츠를 파고들 수 있습니다. 특히, 혼자 사부작사부작 좋아하는 일을 할 때 행복해지는 집순이와 집돌이라면, 덕질을 통해 삶을 풍요롭게 하는 덕후들이라면 이보다 더 좋을 수 없습니다. 요즘 핫하다는 드라마를 보며 공부할 수도 있고, 내가 좋아하는 아이돌과 배우의 해외 인터뷰를 찾아보며 공부할 수도 있습니다. 나의 전문 분야와 관련된 최신 트렌드를 영어 콘텐츠를 통해 접하거나, 감명 깊게 읽은 책의 원서를 구해 다시 읽어보며 뿌듯함을 느낄 수도 있습니다. 콘텐츠에서 한 문장이라도 건져서 확장하는 법을 이해하고 나면 말할 수 있는 문장들이 기하급수적으로 늘어납니다. 누군가에게는 중급 슬럼프라고 불리는 단계가 이들에게는 일거양득의 즐거운 덕질 단계인 것입니다.

기초와 중급의 실력 차이

기초와 중급을 구분하는 정확한 기준이 있는 것은 아니지만 가장 중요한 차이는 '새로 배운 어휘를 써먹을 수 있느냐' 입니다. 기초는 제대로 된 문장을 만들 수 없는 단계입니다.

기초 단계에 있는 학습자들은 주어, 동사를 제대로 갖춰 말할 수 없고, 깨진 문장이나 단어 중심으로 더듬더듬 말합니다. 특히 시제에 맞게 말하거나, 의문문이나 부정문을 만드는 것이 익숙하지 않아 말할 때마다 시간이 걸립니다. 그러니 좋은 표현을 외워도 문장에 담을 수가 없습니다.

하지만 중급 단계 이상은 문법적으로 틀리는 부분이 있더라도 문장의 구조와 틀은 잡혀있는 상태입니다. 즉, 다양한 어휘들을 업그레이드하고 문법적 실수들을 보완할 수 있는 기반이 잡혀있습니다. 예를 들어, 미드를 보다가 주인공의 'There's no reason to be sad(슬퍼해야 할 이유는 없어)'라는 말이 인상 깊게 들렸습니다. 'There's no~(~가 없다)'라는 문장 패턴에 익숙하고, 'to be sad(슬퍼하다)'라는 구를 활용할 수 있는 수준이라면 혼자서도 다양한 문장을 만들 수 있습니다. 별일 아닌 거에 흥분하고 화내는 자기 자신을 발견하고 혼자서 "There's no reason to be angry(화낼 이유가 없어)"라는 문장을 만들어 볼 수 있겠죠. 부정문을 긍정문으로 바꾸고, 평서문을 의문문으로 바꾸고, 단어를 대체할 수 있는 실력을 갖추고 나면 하나의 문장은 금세 10개의 문장으로 확장됩니다. 물론 기초가 탄탄할 때 가능한 일이지만요.

•

1	There is a reason to be angry. 화낼 이유가 있어
2	There are a lot of reasons to be angry. 화낼 이유가 많아
3	Is there any reason to be angry? 화낼 이유가 있어?
4	I think there's no reason to be angry. 내 생각엔 화낼 이유가 없어

문장의 활용법 예시

기초와 중급을 나누는 '소비 vs 투자'

기초와 중급의 진짜 차이는 시간을 '소비'하느냐, '투자'하느냐의 차이입니다. 『레버리지』의 저자 롭 무어는 시간의 사용을 세 가지로 구분합니다. 낭비된 시간, 소비된 시간, 투자된 시간입니다. 만약 의미 없이 시간을 보내어 남는 것이 없다면 시간을 '낭비'한 것입니다. 그런데 시간을 써서 이득은 얻었지만 미래에 영향을 미치는 지속적인 경제적, 정서적 이익을 창출하지 못한다면 시간을 '소비'한 것입니다. 기술을 배우거나, 책을 읽는 등 앞으로의 나에게 필요한 가치 있는 일에 시간을 써서 지속적인 이익을 얻는다면 이는 시간을 '투자'한 것입니다.

영어 공부를 뭉뚱그려 시간을 투자하는 일이라고 생각할 수 있습니다. 그러나 영어 공부를 오래 했더라도 기초 레벨만 계속해서 반복하고 있다면 시간을 투자하고 있는 것이 아니라 소비 혹은 낭비하고 있는 셈입니다. 기초 단계의 영어 실력을 가지고는 언어 기술이 주는 혜택과 이득을 얻을 수 없기 때문입니다. 그런 맥락에서 영어가 완벽하냐 안 하냐는 전혀 중요하지 않습니다. 공부한 덕분에 어느 정도 영어로 소통이 가능해졌고, 관심 분야의 콘텐츠를 리서치하고 활용할 수 있게 되었다면 영어 공부는 스스로 매일 새로운 가치를 창출해 냅니다. 그렇기 때문에 우리의 영어 공부 목표는 유창하게 영어를 구사하는 '고급' 레벨이 아닙니다. 기초를 극복하고 영어 공부를 즐길 줄 아는 '중급' 학습자가 되는 일입니다.

스몰토크를 싫어하는 내향형

I hate having to do small talk.
I'd rather talk about deep subjects. I'd rather talk about meditation,
or the world, or the trees or animals
than small, inane, you know, banter.

저는 스몰토크를 해야만 하는 상황을 싫어합니다.
그보다는 깊은 주제에 관해 이야기하고 싶어요.
사소하고 무의미한 농담 따먹기보다는 명상과 세상에 대해
혹은 나무와 동물에 대해 대화하고 싶습니다.

엘렌 드제너러스 Ellen DeGeneres

주부인 A 씨는 가끔 점심에 다른 학부모들과 만나 식사를 합니다. 요즘 아이 교육에 대한 고민이 무엇인지, 근처 고등학교에 대한 평가는 어떤지 대화하다 보면 여러 답답함이 풀리기도 합니다. 그뿐 아니라 전기차로 바꾸는 것이 손해인지 이득인지, 허리가 아픈데 어떤 치료가 효과가 좋을지 등 자연스레 필요한 정보도 얻습니다. A 씨는 같

은 아파트 단지에 사는 지인들과 뜨개질 모임도 하고 있습니다. 서로의 집에 방문해서 함께 차를 마시고 취미생활을 하다 보면 삶이 풍성해진다는 느낌이 듭니다. 사람들을 만나면서 생각지도 못했던 정보를 듣게 되기도 하고, 새로운 자극을 얻기 때문입니다.

또 다른 주부 B 씨는 어린이집에 다니는 6살 아이를 키우고 있습니다. 하루는 아이를 등원시키고 다른 아이 엄마들 손에 이끌려 함께 카페에서 이야기를 나누었습니다. 하지만 대화가 겉도는 것 같고 무슨 말을 해야 할지 어색했습니다. 가족 여행지로 어디가 좋은지, 아이 학습지는 뭘 하는지 등 이런저런 이야기를 나누다가 2시간쯤 후에 자리가 파했습니다. B 씨는 불편했던 대화에 지쳐버린 기분이었습니다. 집으로 돌아간 B 씨는 친한 친구와 전화로 다른 학부모들과 어울릴 필요가 있을지 고민스럽다고 털어놨습니다. 한참 동안 친구와 허심탄회하게 인간관계에 관한 생각들을 나누다 보니 복잡했던 생각도 정리되고 마음이 한결 편해졌습니다. B 씨는 역시 피상적인 인맥 관리보다는 마음이 통하는 친구를 사귀는 것이 중요하다는 것을 다시 한번 느꼈습니다.

A 씨는 사람들과의 교류에서 에너지를 얻는 외향형입니다. 주변 사람들과 만나고 대화하는 것에 적극적인 그녀는 생활의 에너지를 모임에서 얻습니다. 반대로 내향형인 B 씨는 이

런 모임에 나갈 때마다 에너지를 빼앗깁니다. 그보다는 차분하게 혼자 시간을 보낼 때, 혹은 속마음을 터놓고 지내는 소수의 사람과 깊이 있는 교류를 나눌 때 에너지가 충전됩니다.

영어와 스몰토크

이처럼 날씨, 동네 맛집, 패션이나 교육에 대한 정보와 트렌드 등에 대해 가볍게 나누는 대화, 즉 스몰토크에 대한 내향형과 외향형의 태도는 전혀 다릅니다. 외향형은 이를 타인과 점점 친해지는 과정으로 여기며, 깊은 대화를 하기 위해서는 일상적인 대화가 선행되어야 한다고 생각합니다. 하지만 내향형들은 일상적인 대화에 대한 흥미가 덜하기 때문에 스몰토크가 어색하고 불필요하다고 느낍니다.

문제는 영어 회화와 스몰토크는 뗄 수 없는 관계라는 것입니다. 처음 회화를 시작하는 사람들은 어휘력이 부족해서 깊이 있는 주제로 대화하기도 쉽지 않은 데다가, 낯선 사람들과 대화를 하려면 주제가 가벼워야 하기 때문입니다.

스몰토크를 좋아하는 외향형들은 말할 거리가 없으면 짜내어서라도 사람들과 대화를 하고자 합니다. 그래서 매일 반복되는 날씨처럼 시시콜콜하고 뻔한 이야기도 그 자체로 즐겁고 흥미로운 주제가 됩니다. 영어 수업에서도 마찬가지입니다. 같은 비용과 시간을 지불하고도 외향형들은 수업이나 모임에서 말을 더 많이 하고 대화를 주도합니다. 목소리도 더 크고 자신의 이야기도 쉽게 꺼냅니다. 심지어 자리를 옮겨 다니며 여러 사람과 동시에 대화를 나누기도 합니다. 스몰토크를 즐기는 사람이라면 회화 수업의 가성비가 올라가는 셈이죠.

하지만 내향형들은 모임이나 수업에 참석해도 좀처럼 말할 기회가 오지 않는다고 이야기합니다. 1시간 동안 탁자에 둘러앉아 영어 수업을 들어도 한두 번 입을 열고 집에 돌아옵니다. 신중한 성격에 이야기를 꺼내기를 망설이거나, 상대의 말을 듣는 데 집중하다 보니 말할 기회가 적습니다. 이럴 때 내향형들은 의심이 듭니다. 과연 이렇게 해서 어느 천년에 영어가 늘까 싶은 겁니다.

대화의 행복을 경험하는 내향형들

그렇다고 내향형들이 모든 대화를 즐기지 못하는 것은 아닙니다. 마음이 통하지 않는 사람들과의 예의상 나누는 피상적인 대화나 진실성이 느껴지지 않는 교류를 싫어하는 것뿐입니다. 내향형들은 잘 맞는 사람들과 깊이 있는 대화에서 큰 의미를 느끼고 행복감을 누립니다. 사실 이것은 내향형에만 해당하는 이야기는 아닙니다. 미국 애리조나 대학교 연구팀은 행복하다고 느끼는 사람일수록 깊이 있는 대화를 2배 더 많이 나눈다는 사실을 발견했습니다. 연구팀은 대화할 때마다 녹음이 되는 장치를 이용해, 대상자들이 나눈 대화를 날씨, 티비 보기를 주제로 하는 스몰토크와 정치, 종교, 교육의 역할에 관한 깊이 있는 대화로 분류했습니다. 그 결과, 행복하다고 느끼는 사람들은 불행하다고 느끼는 사람들과 비교해 스몰토크를 나누는 시간이 3분의 1에 불과했고, 깊이 있는 대화는 2배 더 많이 나누는 것으로 드러났습니다.

이에 대해 연구팀의 마티아스 멜 교수는 너무 진지하게 어려운 생각을 하기보다는 그저 '걱정하지 말고 맘 편하게 생각하라'라는 일반적인 조언과 정반대되는 결과가 나왔다며, 깊이 있는 대화는 혼란스러운 세상에 의미를 부여해준다고 해석합니다. 그렇다고 이것이 내향형이 더 행복하다거나 의미 있는 대화를 나누면 무조건 행복해질 수 있다는 것을 증명하는 것은 아닙니다. 다만, 진정성 있고 의미 있는 대화를 나누고자 하는 욕구를 존중하는 것이 행복한 삶을 추구하는 것에 부합되는 일이라는 것은 확실합니다.

그래서인지 종종 영어를 공부하는 내향형들은 자신이 겪은 신기한 대화의 경험에 관해 이야기합니다. 대화가 잘 통하는 사람과 영어로 영화나 책 등에 대해 깊은 대화를 하면 평소에 잘 생각나지 않던 영어 표현이 술술 나왔다거나, 상대의 말이 저절로 이해가 갔다고 말합니다. 언어란 사람과 사람의 마음을 오가며 연결고리의 역할을 할 때 저절로 확장되는 것이 아닐까요?

셀럽들에게 배우는 나다운 영어

키워드로 소통하는 스파이크 영어

최근 세계 무대에서 활약하는 연예인들과 스포츠인들이 많아지면서 영어 학습자가 공감할 수 있는 다양하고 개성 넘치는 영어 롤모델 역시 많아졌습니다. 그중에는 명실공히 세계 최고 실력을 가진 배구선수 김연경 씨도 있습니다. 일본, 중국, 튀르키예 등 해외 명문 클럽에서 주장으로 뛰면서 다양한 국적을 가진 선수들을 이끌기 위해서는 영어 소통 능력이 중요할 수밖에 없을 텐데요. 특히 경기 중에 속도감 있게 의사소통을 한 경험 때문인지 그녀가 구사하는 영어 역시 마치 스파이크를 내리꽂듯 머리에 쏙쏙 박히는 것이 특징입니다.

한 인터뷰에서 해외 기자가 김연경 선수에게 원래 1등을 하던 팀이 3등에 머문 소감을 묻습니다. 그러자 그녀는 "물론 어제는 속상했다. 하지만 우리는 동메달을 따는 데에 집중했고, 결국 따냈기 때문에 나는 결과에 만족한다"라고 답합니다.

It was upset (→upsetting) yesterday. But we are concentrate (→concentrated) about (on) the bronze medal. Finally, we took the bronze medal. So, I am happy for (with) the result.

어제 패배는 '속상한upsetting' 일이었지만, 그래도 동메달에 '집중했고concentrated', 그래서 해냈으니 결과에 '만족happy'한다는 단 세 개의 키워드만 가지고 가성비(?) 높게 소통한 것입니다. 시제나 전치사 등의 정확성은 부족하지만 전달하고자 하는 키워드가 명확하기 때문에 의도 전달에는 문제가 없습니다.

이번에는 기자가 남자친구가 있냐며 짓궂은 질문을 하자 "어떻게 답해야 할지 모르겠다I don't know what I should say"라고 말하더니 "없는 걸로 하자Let's say no!"라고 답합니다. 빠른 순간의 판단으로 있다고 답한 것도 아니고, 없다고 답한 것도 아닌 재치있는 답변입니다.

평소 재능 있고 입담이 좋은 사람도 영어만 하면 어색하고 밍밍해 보이는 경우가 많습니다. 서툴고 자신감 없는 영어에 그 사람의 매력이 제대로 드러나지 않기 때문입니다. 반면에 아주 유창하지 않더라도 하고자 하는 이야기에 집중하는 사람들은 영어할 때 오히려 새로운 매력을 발산하기도 합니다. 그런 의미에서 높은 수준의 영어를 사회활동의 화려한 무기로 삼길 원한다면, 우선 영어가 내가 하고자 하는 일을 가로막는 장애물이 되지 않도록 만들어야 합니다.

기억하면 좋을 표현

그것 때문에 속상했다.

It was upsetting.

It

내향형도 외향형도 괜찮다

This isn't antisocial. It isn't a sign of depression.
It does not call for medication. For introverts, to be alone with our thoughts is as restorative as sleeping, as nourishing as eating.
Our motto: "I'm okay, you're okay—in small doses."

반사회적인 것도 아니고, 우울증의 증상도 아닙니다. 약을 먹어야 하는 것도 아니죠.
내향형이 혼자 생각하며 시간을 보내는 것은 잠을 자는 것만큼 기운을 회복시켜주고,
식사를 하는 것만큼 도움이 됩니다. 우리의 좌우명이 있죠.
"나대로도 괜찮고, 너대로도 괜찮다"를 일상에 적용하는 겁니다.

조나단 라우치 Jonathan Rauch

I'm okay. You're okay.

내향형인 저널리스트 조나단 라우치는 심리적 에너지의 균형을 맞추기 위한 자신만의 공식을 가지고 있습니다. 사회생활을 1시간 할 때마다 그 2배의 시간을 혼자 충전하고 회복하는 데 쓰는 것입니다. 이렇게 경험과 관찰을 통해 본인을 위

한 본인만의 공식을 찾아내야 합니다.

영어 강사이자 외향형인 한 친구는 주 5일, 하루에 6시간씩 강의를 합니다. 한 반에 몇십 명씩 앉아있는 교실에서 일하고도 퇴근 후에 학생들이나 동료들과 어울리기도 하죠. 게다가 주말에는 친구들과 모임을 만들어 정기적으로 수상 스포츠나 캠핑을 즐깁니다. 반면에 저는 일주일 중 4일은 혼자 일합니다. 주로 카페나 집에서 글을 쓰고 유튜브 영상을 제작합니다. 그리고 1주일에 하루만 온라인 강의를 합니다. 친한 친구들과는 1주일에 두세 번 통화나 연락을 하는 정도입니다. 어쩌다가 사람들이 지나치게 북적이는 쇼핑몰이나 낯선 사람이 많은 모임에 다녀오면 한동안 사회생활과 외출을 자제합니다.

이런 인생을 살다 보면 외향적인 친구가 하는 제안을 거절해야 할 때가 많습니다. 매번 거절하기가 어려워서 스스로 성향을 바꾸려고 노력한 적도 있습니다. 하지만 시간이 지나면서 제 주변을 억지스럽지 않고 편안한 관계들로 채우는 것이 중요하다는 것을 깨달았습니다. 결국 내향형이 내향형답게 살기 위해서는 나를 존중해주는 타인의 태도뿐 아니라 스스로를 수용하는 나 자신의 태도 역시 중요합니다.

사람들이 교류하는 네 가지 방식

조나단 라우치의 말에 등장한 "I'm okay. You're okay"는 "나 대로도 괜찮고 너대로도 괜찮아"라는 뜻입니다. '나 자신도 긍정하고 타인도 긍정하자'라는 의미의 이 말은 선풍적인 인기를 끌었던 토마스 해리스의 자기계발서 제목으로 많이 알려져 있지만, 사실은 심리학자 에릭 번의 교류 분석 이론에서 나온 말입니다. 에릭 번은 사람들이 타인과 교류하는 방식을 분석하여 네 가지로 분류했습니다. 이 네 가지 유형을 살펴보면 내향형으로서 내가 외향형과 나 자신을 바라보는 태도에 대해 생각해볼 수 있습니다.

I am OK You are OK **협력과 공존** 타인과 함께 살아가며 만족하는 태도	I am not OK You are OK **자기 경시** 도망치려하며 무기력한 태도
I am not OK You are not OK **불신과 포기** 막다른 골목에 선듯 어쩔 줄 몰라하는 태도	I am OK You are not OK **우월과 배타** 화를 내거나 상대방을 배제해버리는 태도

네 가지 유형 중 첫 번째는 '나도 괜찮고 당신도 괜찮다I'm okay. You're okay'입니다. 이런 태도를 가지고 교류하는 사람들은 다른 사람들이 가진 나와 다른 면모에 대해서도 긍정적이고 수용적입니다. 이들은 개방적이고 타인에 대한 존중이 높으며, 자기 자신 역시 긍정하고 존중합니다. 그러므로 스스로의 필요와 욕구 역시 무시하거나 등한시하지 않습니다. 이 유형에 속하는 내향형들은 외향형들을 존중하면서도 혼자 있는 시간을 보장받길 요구한다거나, 타인의 요구를 적절하게 거절할 수 있습니다.

두 번째로 '나는 괜찮지 않지만 당신은 괜찮다I'm not okay. You're okay'라는 태도의 유형입니다. 이들은 무의식적으로 남들이 나보다 더 낫다고 생각해 타인의 가치와 태도를 수용하고 따르려고 노력합니다. 사람들이 나를 함부로 대하는 것을 용인하고 한편으로 열등감을 느끼기도 합니다. 이런 태도를 가진 내향형들은 외향적인 사람들이 가진 가치가 더 우월하다고 생각하고 흉내 내려고 합니다. 하지만 그럴수록 자신이 더 소외된다는 생각이 들거나 무기력해짐을 느낍니다.

세 번째 유형은 '나는 괜찮고 당신은 괜찮지 않다I'm okay. You're not okay'의 태도입니다. 이 사람들은 자신을 존중하며 자신감이 넘치고, 타인보다 자신이 더 우월하다는 의식이 있습니다. "내가 가진 것이 더 특별하고 옳아"라는 생각의 틀에 갇혀 타인을 수용하기가 어렵습니다. 또한, 자기중심적이며 다른 사람을 통제하거나 군림하려는 습관이 있습니다. 가령 타인에게도 혼자만의 시간을 가지라고 강요하는 식으로 외향적인 특징들을 무시하는 태도를 보이는 것이 이에 해당합니다.

마지막 유형은 '나도 괜찮지 않고, 당신도 괜찮지 않다I'm not okay. You're not okay'의 태도를 지닌 사람들입니다. 이들은 자기 자신과 타인에 대해 비판적이며, 부정적인 시선으로 세상을 바라보기 때문에 삶이 무가치하다고 느낍니다. 또한 스스로 통제하는 힘이 약해서 주위 사람들에게 맞추며 따라가듯 사는 태도를 보입니다. 이런 유형의 내향형들은 자신의 강점도 외향형의 강점도 보지 못하며 양쪽의 단점과 부정적인 면에만 시선을 둡니다.

이런 태도의 차이가 인생의 차이를 만드는 것은 당연합니다. 하지만 태도는 의식적인 노력을 통해 바꿀 수 있습니다. 내가 여태까지 했던 구체적인 결정들을 살펴보며 그동안 혹시 외향형만 긍정하며 흉내 내려 애쓰고 있었던 것은 아닌지, 외향형과 내향형의 고유한 특징과 감정들을 무시하고 있지는 않았는지 스스로 인지하는 과정이 필요합니다. 우리에게 필요한 것은 내향형 우월주의도 아니고 내향형 극복 의지도 아닙니다. 나에 대한 긍정이며 타인에 대한 존중입니다.

내향형의 컨디션 돌보기

No one would judge a person for making
decisions based on their physical health, so please don't judge me
for attempting to maintain my mental health.

누군가 신체적 건강을 고려해 계획을 세운다고 해서
사람들이 그걸 평가하려 들지는 않습니다. 그러니 제가 정신 건강을 지키기 위해
노력하는 것 역시 평가하려 들지 않았으면 합니다.

젠 그랜맨 Jenn Granneman

배우 김민하 씨는 애플TV+의 오리지널 드라마 〈파친코〉의 주연을 맡아 이민자의 삶을 강렬하게 그려내며 세계 시청자들에게 강한 인상을 남겼습니다. 그리고 연기뿐 아니라 미국의 유명 토크쇼에 출연해서 보여준 그녀의 영어 실력 역시 화제였습니다. 커서 영어 선생님이 되길 바랐던 어머니 덕분에

어려서부터 열심히 공부한 결과였습니다. 한 인터뷰에서 그녀는 어린 시절에는 영어 공부가 힘들어서 학원 수업을 땡땡이치고 화장실에 가서 울면서 단어를 외웠다고 밝히기도 했습니다. 학원 수업을 빠지고 한 것이 고작 '화장실에서 단어 외우기'였다는 말에 진행자는 "그게 땡땡이친 게 맞나요?"라고 웃으며 되묻습니다. 보통 공부가 싫어서 학원 수업에 빠졌다고 하면 친구들과 노래방을 간다거나 쇼핑을 하고 맛있는 음식을 먹는 모습을 상상하게 될 테니까요. 하지만 내향형에게는 땡땡이가 꼭 더 신나고 새로운 자극일 필요는 없습니다. 그래서 '화장실에서의 휴식'이라는 말은 내향형이라는 일종의 신호 같은 것이기도 합니다. 인터넷을 검색해보니 김민하 씨는 내향형이 맞았고요.

내향형 행오버

내향형이 사회생활에 적응하기 어렵다는 말은 편견입니다. 내향형들 역시 사람들과 어울리기를 즐기는 경우가 많습니다. 게다가 상대의 말도 잘 들어주고 리액션도 좋으며 사람들의 기분을 잘 읽고 챙기는 덕에 화기애애한 분위기를 만들어내기도 합니다. 하지만 모임이 끝난 이후의 모습은 외향형과 다릅니다. 외향형들은 모임이 끝나고 새로운 영감과 에너지를 얻고 충전되어 있다면, 내향형들은 지쳐있습니다. 다음날까지 침대에서 골골대며 피로감을 호소하거나 며칠간은 걸려오는 전화가 받기 싫어지기도 합니다. 마치 술을 과하게 마신 다음 날 숙취에 시달리며 술 냄새도 맡기 싫어지듯이, 과한 사회생활을 한 후에 내향형들이 겪는 증상입니다. 실제 영어에서는 숙취hangover라는 뜻의 단어를 합쳐 이를 '내향형 행오버introvert hangover'라고 부릅니다. 내향형 행오버가 오면 쉽게 짜증이 나거나 예민해지고 집중력이 떨어집니다. 몸의 긴장도가 높아져서 근육통이나 두통처럼 신체적 증상을 동반하기도 합니다. 모임이나 회식 등에 참석한 후에 이런 부정적인 경험이 쌓이면 자연스레 사람들과 어울리는 빈도수를 조절하거나 자제하게 됩니다. 그러니까 내향형이 사회생활을 힘들어하는 것은 소심하거나 친화력이 없어서라기보다는 행오버가 오지 않는 수준의 적당한 사회생활을 하는 일이 쉽지 않아서입니다.

영어 공부와 컨디션 관리

내향형에게는 영어 공부 역시 과한 사회생활처럼 느껴질 때가 있습니다. 그래서 영어 대화가 피로하거나 영어에 대해 남들보다 더 심한 부담감을 느낄 수도 있습니다. 이럴 때 막연하게 영어를 탓하기보다는 내가 느끼는 불편함의 정체를 정확히 아는 것이 중요합니다. 그래야 영어와 멀어지지 않고 문제에 대처할 수 있습니다.

『세상의 잡담에 적당히 참여하는 방법』의 저자 젠 그랜맨은 개개인이 자신의 신체적 컨디션을 고려하여 삶을 꾸려나가듯이, 나의 정신적 건강을 고려하여 삶의 계획을 세우는 것 역시 이상한 일이 아니라고 말합니다. 평소 소화가 잘 안 되는 사람이라면 조금씩 나눠서 먹는다거나, 수면의 질이 중요해서 이런저런 노력을 하는 것처럼 내향성을 존중하는 것 역시 나 자신을 돌보는 일이라는 뜻입니다. 예를 들어, 영어 모임에 나가 한바탕 사람들과 어울리며 좋은 시간을 보내다가도 스스로의 컨디션을 위해 그만 일어나야 할 타이밍에 일어날 줄 알아야 합니다. 또, 토요일 회화 수업에서 최선을 다해 진한 영어 대화를 시도했다면 일요일 점심까지는 죄책감 없이 쉴 수 있는 여유를 자신에게 허락하는 것도 필요합니다. 내향형의 컨디션 관리는 내 삶을 최선으로 살기 위해 나를 먼저 돌보는 연습입니다.

내향형과 완벽주의

Where we struggle with perfectionism, we struggle with shame.
완벽주의에 시달리는 곳에서 우리는 수치심에도 시달린다.

브르네 브라운 Brenè Brown

완벽주의와 탁월함의 차이

대부분 우리는 탁월함을 선망하고 완벽함을 동경합니다. '봉테일'이라는 별명을 가진 봉준호 감독이 대표적인 예입니다. 1980년대를 배경으로 한 영화 〈살인의 추억〉의 실제감을 더하기 위해 '농협' 마크가 찍혀진 형사 수첩을 사용했다든가, 영화 〈기생충〉을 찍으면서 잘 보이지 않지만 부잣집 소품이라 250만 원짜리 휴지통을 구했다는 봉 감독의 섬세함에 사람들은 감탄합니다.

그러나 완벽히 하는 태도는 소심하고 강박적으로 여겨지기도 합니다. 정작 중요한 큰 그림은 놓치고 중요하지도 않은 디테일에 목숨을 걸거나, 충분히 잘했을 때도 만족하지 못하는 사람을 볼 때 지나치다고 느끼는 것이죠. 이처럼 사람들은 꼼꼼하고 세심한 것에 대해 '탁월함'과 '완벽주의'라는 양가적인 마음을 품습니다.

완벽주의는 비현실적인 기대치를 추구하며 끊임없는 노력으로 완벽한 상태가 되어야 한다는 믿음입니다. 완벽주의자들은 자신에게 지나치게 비판적이며 자신의 부족함을 인정하지 못해서 작은 실수도 허용하지 않습니다. 하지만 완벽주의자라고 해서 꼭 근면하거나 철두철미한 모습을 가진 것은 아닙니다. 스스로를 지나치게 혹사시키기도 하지만, 반대로 실패가 두려워서 해야할 일을 회피하며 게으르고 무기력해져 버리기도 합니다.

언뜻 보면 완벽주의자와 비슷해 보일 수 있지만 탁월한 성취자는 완벽이 아닌 최선을 쫓습니다. 이들은 때로 실수나 실패가 있을 수밖에 없다는 것을 인정합니다. 완벽주의자들은 비난이 두려워서 사람들로부터 피드백 받기를 피하지만, 탁월함을 추구하는 사람들은 지속적으로 피드백을 구해 성장의 기회로 삼습니다. 또한 하나의 실수가 있다고 해서 스스로의 노력 전부를 비하하지 않기 때문에 실패를 해도 다시 잘 일어섭니다. 완벽주의자들은 결과를 얻기 위해서 고통스러운 과정을 참으려고 한다면, 탁월한 성취자들은 결과만큼이나 과정을 중요하게 여깁니다. 만약 과정으로부터 자부심과 즐거움을 느끼지 못하면 그 일의 방법을 수정하고자 합니다.

영어 공부에 적용해서 생각해도 마찬가지입니다. 영어 완벽주의에 시달리면 채찍질과 게으름을 반복하며 힘들어합니다. 무의식적으로 사람들에게 실수 없는 모습을 보여주는 것을 영어 공부의 목표로 삼고, 스스로를 부족하게 여기는 부정적인 마음을 공부의 동력으로 삼습니다.

내향형들은 모두 완벽주의자일까?

내향형은 소심하며 세세한 것에 매달리길 좋아한다는 편견 때문에 완벽주의자로 더욱 부각되어 보입니다. 물론 내향형들은 생각이 많고 디테일에 주목하며 완벽히 하는 성향을 가지고 있습니다. 운동행동 저널Journal of Motor Behavior에 실린 주타 스탈 박사의 연구에 의하면 실제 정보를 처리할 때 내향형들은 외향형들보다 더 많은 시간이 필요하다고 합니다. 그러나 이런 성향이 내향형을 탁월함을 추구하는 고성취자high achiever로 만들어 주기도 합니다. 펜실베니아 와튼 스쿨의 애

덤 그랜트 교수는 실제 사례 연구를 통해 신중하고 사려 깊은 내향적인 리더가 외향적인 리더보다 전략 계획과 목표 설정처럼 주도적인 성향을 발휘하는 데 더 효과적이라고 밝히기도 했습니다.

비즈니스 코치이자 MBTI 전문가인 테아 오로즈코는 완벽주의 성향이 드러나는 방식에도 외향형과 내향형 사이에 차이가 있다고 말합니다. 외향형들은 어려운 결정을 앞두고 실패가 걱정되면 결정을 미뤄서 타인이 대신 결정하도록 유도합니다. 자신이 느껴야 하는 실패감이나 죄책감을 다른 누군가의 존재를 통해 회피하기 위해서입니다. 예를 들어, 외향형 완벽주의자들은 쉽게 스터디나 영어 수업 등에 출석하여 도움을 청하지만 출석에만 의의를 둔다거나, 사교를 더 큰 목적으로 삼아버리기도 합니다. 그래서 '학원은 다녔는데 영어 공부는 제대로 못 했다' 식의 결과가 나옵니다. 반면에 내향형 완벽주의자들은 혼자 문제를 직접 해결하려 들다가 하염없이 일을 미루며 시간을 끕니다. 리서치를 한다는 핑계로 이런저런 공부법 영상을 찾아보며 딴짓을 한다거나, 불필요한 디테일에 시간을 허비하다가 제풀에 꺾입니다. 결국 내향형이든 외향형이든 완벽주의에 시달리긴 마찬가지입니다. 겉으로 드러나는 방식과 모습이 다를 뿐입니다.

실수를 대하는 태도

안타깝게도 영어는 유난히 완벽주의를 자극하는 영역입니다. 우리 사회에서 영어는 언어이자 스펙이며 자기계발의 상징이자 유능함의 증거로 여겨지기 때문입니다. 다행히도 요즘은 점점 더 다양한 배경을 가진 한국인들이 영어를 구사하는 모습을 볼 수 있습니다. 한국에서 태어나고 자란 배우나 가수들이 해외 방송에 나와 완벽하지 않은 영어로도 자신감 있게 대화하는 모습도 보게 됩니다.

하지만 불과 5년 전만 해도 영어를 구사하는 유명인들은 대부분 교포였고, 한국인이 영어를 하는 것이 신기하다는 듯이 '영어 한번 해보세요'가 그들이 받는 단골 질문이었습니다. 지켜보는 사람들 역시 유창한 발음이나 속도에 감탄하는 추임새를 넣는 식이었죠. 그런 모습들이 결국 공적인 자리일수록 완벽한 발음으로 영어를 구사해야 한다는 부담과 지나치게 완벽주의적인 태도를 부추겼습니다.

오래전에 한 배우의 해외 인터뷰를 보면서 같이 손에 땀이 난 적도 있습니다. 지금은 영어를 잘하는 연예인이라 해도 옆에 통역사가 함께해서 만약의 경우에 대비하지만, 당시에는 영어를 할 줄 아는 연예인들은 통역자들과 동석하지 않는 분위기였습니다. 그런데 문제의 한 외국 리포터가 인터뷰 상대가 원어민이 아니라는 것을 고려하지 않고 빠른 속도로 난해한 질문을 던졌습니다. 카메라 앞에서 당황한 기색이 역력했던 해당 배우는 알아들은 척 인터뷰에 응하기 시작했습니다. 결국 동문서답을 하거나 어색한 타이밍에서 웃는 등 난감하고 안타까운 상황이 연출되었습니다. 비원어민을 배려하지 않은 리포터, 통역자 없이 배우가 시사회 현장 인터뷰를 감당하게 했던 시스템을 보면 그 시절, 영어에 대한 뻣뻣한 태도도 확인할 수 있습니다.

하지만 최근의 모습들은 다릅니다. 영어가 완벽하지 않아도 자연스럽게 실력을 드러내는 유명인들을 쉽게 볼 수 있습니다. 영어에 대한 태도도 훨씬 유연하고 자신감이 있죠. 한 배우가 해외 시사회에서 영어로 답변 중에 실수를 한 상황을 통해서도 느껴집니다.

I used to be a huge fan of him.

저는 그를 엄청 좋아하는 팬이었어요(= 지금은 더 이상 아니에요).

이때 사용한 'used to~'는 과거 시제의 표현으로 '전에는 했지만 더는 하지 않는 일이나 상태 등'을 표현할 때 씁니다. 이 배우는 아마도 같은 영화에 출연한 동료 배우를 전부터 좋아했다고 말하고 싶었던 것 같은데 의도와는 다르게 동료 배우를 이제 더 이상 좋아하지 않는다고 말해버린 셈이 된 것입니다. 이 말을 듣던 동료 배우는 "현재 시제로 좀 바꿔줄래요?" 라며 장난스럽게 지적합니다. 그러자 그는 당황스러워하며 "Sorry about my poor English(영어 실력이 부족해서 죄송합니다)" 라고 부족한 영어부터 인정합니다. 그러자 동료 배우들이 나서서 아마도 그의 아내가 해당 배우를 너무 좋아해서 질투 때문에 무의식 중 과거 시제를 쓴 것 같다며 농담을 던집니다. 그렇게 배우들 사이의 케미가 빛나고, 시사회장의 분위기는 오히려 화기애애해졌죠.

영어를 제대로 공부하는 사람이라면 누구나 이런 상황을 반복적으로 맞닥뜨립니다. 회사에서 업무 이메일을 쓰다가 오해가 생긴다거나, 영어로 발표를 하다가 말실수를 하고 버벅거린다거나, 전화 통화 중에 상대의 말을 잘못 알아듣기도 합니다. 하지만 중요한 것은 이런 상황에서 어떤 태도를 보이느냐입니다. 완벽주의자들은 실수를 숨기고 넘어가려 하기 때문에 그런 경험이 쌓일수록 실수를 더욱더 두려워하게 됩니다. 반면에, 실수를 그대로 드러낸다면 부족함을 통해서 사람들에게 도움을 받고 더 깊게 교류할 기회를 얻을수 있습니다.

내향적인 성격이 바뀌는 순간

Love will thaw.

사랑은 얼어있는 것들을 녹인다.

〈겨울왕국〉 中에서

수년 전, 수업 중에 좀더 크게 소리를 내고 자신감 있게 자기 이야기를 영어로 해보라고 격려하자 한 수강생이 물었습니다. "저는 원래 우리말을 할 때도 말수가 적고 조용한 편인데 영어를 잘하려면 성격을 바꿔야 할까요?" 그때 저는 "그럼요. 성격쯤이야 영어를 위해서 바꿔야죠"라고 답하기엔 찜찜한 생각이 들었습니다. 과연 영어 공부를 위해 성격을 바꾸는 노력까지 해야만 하는 것일까 싶어져서였습니다. 그러면서도 한편으로 저 자신을 비롯한 여러 사람의 사례도 떠올랐습니다. 영어를 하기 위해 낯선 사람에게 말도 걸어보고 많이 대화하려고 노력하다 보니 영어 할 때는 유난히 더 활달한 성격이 되었다거나 실제로 낯을 많이 가렸던 성격이 변했다는 식의 이야기들입니다. 정말 노력을 하면 내향적인 성향을 바꿀 수 있을까요?

내향 왕국을 떠난 엘사

내향형의 성격 변화를 잘 보여주는 캐릭터가 있습니다. 바로 애니메이션 〈겨울왕국〉의 주인공 엘사입니다. 혼자 방에서 고립된 듯이 자신의 힘을 숨기고 살아가던 엘사는 대관식 날 방 밖으로 나옵니다. 하지만 결국 새로운 여왕의 탄생을 축하하기 위해 모여든 사람들로 북적거리는 성을 뛰쳐나오고 맙니다. 무거운 왕관을 집어 던지고 머리를 풀어 헤치며 아무도 없는 어두운 숲속으로 들어가 그녀는 외칩니다.

The fear that once controlled me can't get to me anymore.

한때 날 구속했던 두려움은 이제 더이상 내 가까이 올 수 없어.

자신의 존재를 부정하고 감춰야 했던 엘사가 이제 속박에서 벗어나 자신답게 살아가겠다고 선언하는 영화 주제곡 'Let it go'의 가사는 통쾌하기 그지없습니다. 그런데 이 장면을 본 유튜브 채널 〈Cinema Therapy〉의 진행자인 심리치료사 조나단 데커와 영화감독 앨런 시라이트의 반응이 재미있습니다. "이건 내향형들이 사회적 거리두기 했을 때 반응인데요. '거리두기를 하니까 오히려 좋은데!' 이런 거잖아요." 엘사의 반응이 마치 사람들에 둘러싸여 눈치를 봐야했던 내향형들이 도시가 봉쇄되었을 때 보인 반응과 비슷하다는 것입니다. 인터넷을 검색해보니 역시 은둔을 사랑하는 겨울왕국의 주인공 엘사는 내향형이며, MBTI 유형으로 따지면 INFJ라는 것이 정설(?)입니다. 하지만 영화 속 엘사는 결국 성으로 되돌아옵니다. 그리고 미지의 세계로 모험을 떠나기도 합니다. 이 영화의 스토리는 고독을 통해 자신을 발견하고 다시 세상에 나와 진정성 있는 교류를 시작하는 내향형의 서사이기도 한 셈입니다.

외향형 부캐

내향적인 성격이 바뀔 수 있는가에 대해서 성격심리학자 브라이언 리틀은 '자유 특성 이론'을 통해 설명합니다. 이 이론에 의하면 사람들은 타고나거나 교육된 특정한 성격이 있지만, 그 사람에게 중요한 프로젝트를 위해서라면 그 성격에서 벗어난 행동을 할 수 있습니다. 가령, 평소 말수가 적고 낯을 가리는 성격의 배우가 연기할 때만큼은 전혀 다른 사람이 되어 카리스마 있는 모습을 보여준다거나, 외향적이고 말수가 많은 작가가 혼자 작품을 쓸 때는 며칠이고 조용히 고독의 시간을 보낼 수도 있다는 것입니다. 특히 평소 자신의 본 성격대로 사는 사람일수록 오히려 필요한 때에 자기답지 않은 모습을 보여줄 수 있다고 합니다.

내향형인 브라이언 리틀 교수 본인도 평소의 모습과 강연에서의 모습이 다른 경우입니다. 테드 강연에서 보여지는 그의 모습은 탁월한 유머 감각으로 청중을 장악하는 모습인데요. 이런 그를 본 사람들은 모두 그가 외향형일 것이라고 예상합니다. 하지만 이는 청중과 교감하고 소통하기 위해 평소와는 다른 성격을 보이는 것일 뿐입니다. 내향형인 그는 쉽게 과부하가 걸리고 민감해서 수업이 끝나면 자신과 대화를 나누려는 사람들을 피해 칸막이 화장실로 들어가곤 합니다.

스스로를 인정할 때 생기는 힘

브라이언 리틀 교수는 사람들이 타고난 성격이 아닌 자유 특성에서 나오는 행동을 보이는 이유로 '프로의식과 사랑'을 꼽습니다. 결국 내향적인 성격을 본질적으로 바꿀 수는 없지만, 우리가 평소 나 자신답게 살아간다면 정말 소중하게 생각하는 일을 위해서는 때로 '외향형 부캐'를 쓸 수 있다는 것입니다. 그가 말하는 '사람들이 본래 성격과 다른 행동을 하는 이유'는 〈겨울왕국〉에 등장하는 명대사와도 닮았습니다. 바로 "Love will thaw(사랑은 얼어있는 것들을 녹인다)"입니다.

결국 무언가에 대한 열정이나 사랑이 성격에서 벗어난 행동도 가능하게 한다는 결론입니다. 영어도 마찬가지입니다. 영어로 말할 때면 다른 사람이 되는 것처럼 새로운 '부캐'가 튀어나온다는 사람들이 있습니다. 유난히 쾌활하고 말수가 많아진다거나, 평소와 달리 더 당당하고 자신감 있는 말투나 제스처를 쓰게 된다고 이야기합니다. 물론 이런 영어 부캐는 억지 노력으로 만들 수 있는 것이 아닙니다. 영어를 좋아하고 즐기게 될수록, 저절로 생기거나 발견되는 나의 새로운 모습일 것입니다.

셀럽들에게 배우는 나다운 영어

겸손하면서도 당당한 영어

몇 년 전 배우 윤여정 씨가 해외 시상식에서 한 영어 수상 소감이 세계적으로 화제였습니다. 70대의 한국 배우가 큰 시상식에서 이렇게 매끄럽게 영어를 구사한다는 사실도 놀라웠지만, 해외 매체들이 관심을 보인 것은 그녀의 영어 실력이 아니었습니다. 윤여정 씨가 소감을 말할 때 보여준 태도였습니다. 그녀는 겸손하면서도 당당했고, 잘난 체하지 않으면서도 재치가 넘쳤습니다. 특히, 영국의 한 시상식에서 다음과 같이 말한 것을 두고 해외에서도 '한국의 센 언니'라며 유쾌해 하는 반응이었습니다.

> Especially, (I am happy to be) recognized by British people known as snobbish people.

고상한 척하기로 유명한 영국인들이 나를 인정해주니 특히 감사하다.

이후에 캐나다에서 온 한 리포터는 '캐나다에 대해서도 한마디 해달라'고 농담 삼아 요청할 정도였습니다. 그런데 정작 본인은 "나는 내가 영어

하는 방송은 (민망해서) 안 본다. 나는 영어 못하는 거다. 그 나라에서 태어나지 않고는 영어를 완벽하게 할 수는 없다"라며 영어 실력에 대해 겸손을 보입니다. 어쩌면 영어에 대해 완벽히 하려는 생각이 없기 때문에 더욱 유머나 다른 감각을 사용하는 여유가 생기는 것인지도 모릅니다. 윤여정 씨가 출연한 예능 방송 〈윤스테이〉에서 외국 손님들에게 웰컴 티로 우엉차를 내놓았을 때도 마찬가지였습니다. 외국 손님들이 차 이름을 물어보자 다들 우엉이 영어로 무엇인지 고민합니다. 그런데 그때 윤여정 씨는 "some kind of root(일종의 식물 뿌리이다)"라고 답하고는 바로 "It's good for your heath(몸에 좋다)"라고 덧붙여 설명해줍니다. 잠시 후 혼자 사전을 검색해본 윤여정 씨가 우엉을 영어로 알려주지만 외국인들 역시 우엉을 본 적이 없으니 모르는 단어이긴 마찬가지였습니다.

윤여정 씨는 완벽한 영어를 사용하는 데 집착하지 않기 때문에 오히려 개성 있는 말솜씨와 당당한 매력이 영어를 할 때도 그대로 드러납니다. 윤여정 씨가 영어 하는 모습을 본 사람들의 반응 역시 비슷합니다. "윤여정 선생님 영어 말투도 한국어 말투랑 같은 게 너무 웃기심" "상투적인 말만 해서 따분한 소감들도 있는데 신박해서 너무 좋다." 그런 의미에서 진짜 자신감은 자신의 실력을 그대로 드러내고 인정할 수 있는 용기에서 나오는 것이 아닐까요?

기억하면 좋을 표현

그들은 고상한 척한다.

They are snobbish.

They ________________

Chapter 3

내향형만의
영어 공부법

황금 비율의 법칙, 8:2

공부의 황금 비율

앞서 언급했던 젠 그랜만은 내향형들을 위한 온라인 커뮤니티 '내향인 여러분IntrovertDear.com'을 운영하고 있습니다. 그곳을 통해 내향형들에게 사회활동의 핵심은 '양을 조절하는 것'이라고 조언합니다. 어느 정도냐에 따라 내향형의 사회생활은 보약이 될 수도 있지만, 지나치면 독이 될 수도 있기 때문입니다. 그래서 내향형인 수강생들에게 주로 추천하는 것은 '혼자 공부:타인과 함께 공부=8:2'로 공부 시간을 분배하는 것입니다.

영어 공부의 8할을 혼자 하는 공부에 써야 하는 이유는 외부 자극에 쉽게 흔들리지 않도록 중심축을 난단하게 세우기 위함입니다. 도파민이 소용돌이치는 스트레스의 상황이 아닌 아세틸콜린이 흐르는 고요한 몰입의 시간이 되도록 공부 방식을 재정의해야 합니다. 내향형은 혼자 하는 공부가 효율적으로 이루어질 때 수업이나 모임에서도 훨씬 더 역량을 잘 발휘할 수 있습니다.

높은 자극 (외향적 학습법)	대형 강의	토론 모임	영어 스터디
중간 자극	소수정예 수업, 과외	친구와 영어 스터디	전화 영어
낮은 자극 (내향적 학습법)	낭독, 녹음	필사	쉐도잉

자극 단계별 영어 학습법

다른 사람들과 교류하며 공부하는 2할의 시간 역시 꼭 필요한 시간입니다. 이 시간을 통해 영어로 소통할 수 있다는 자신감을 쌓고 구체적인 피드백을 받을 수 있죠. 이것은 억지로 배운 문장을 써먹는 부자연스러운 대화가 아닌 실제 주고받는 대화의 경험을 통해서만 가능합니다.

많은 내향형은 다른 사람들과 교류하는 시간을 통해 혼자 공부하며 내 안에 쌓인 영어 인풋들이 실제로 쓸모가 있다는 확신을 얻었다고 표현합니다. 또, 선생님이나 스터디메이트들의 피드백으로 공부의 방향을 재조정하고 새로운 팁을 얻기도 합니다. 영국의 2파운드짜리 동전 테두리에는 "standing on the shoulders of giants(거인의 어깨에 올라서서)"라는 글귀가 적혀 있습니다. 이 말은 과학자인 뉴턴이 주변 사람들로부터 업적을 칭찬받을 때 자주 했던 말로 "내가 이룬 것은 혼자만의 노력으로 가능했던 것이 아니라 이전에 노력한 사람들이 이룬 것 위에 올라탄 결과물"이라는 뜻입니다. 영어 공부도 마찬가지입니다. 나보다 더 오랫동안 공부한 사람들의 조언을 듣고, 타인과 대화를 주고 받는 경험을 쌓을 때 혼자 공부한 8할의 시간 역시 효과적으로 빛을 볼 수 있습니다.

그렇다고 해서 8:2의 시간 비율이 항상 지켜져야 하는 절대적인 기준은 아닙니다. 극 내향형이라면 9:1도 좋습니다. 다른 사회생활이 많은 시기에는 여건에 따라 10:0의 비율이 될 수도 있습니다. 당장은 지금 타이밍에서 할 수 있는 최선의 방법을 찾아 실천하되, 장기적으로는 한쪽으로 치우치지 않게 균형을 맞춰가는 것이 중요합니다.

내향형에게 필요한 융통성

내향형의 균형 있는 영어 공부를 위해서 꼭 필요한 것이 바로 융통성입니다. 실제 영어를 가르치다 보면 많은 사람이 영어 공부를 중단하는 이유로 바쁜 일상을 꼽습니다. 회사 생활, 이직이나 취업, 학점 관리 등으로 바쁜 데다가, 영어 말고도 자기계발을 위해 할 것이 많은 한국인이기 때문입니다. 게다가 시중에 흔한 '영어 회화 단기 완성' 같은 신기루를 좇다 보면 당장의 성과에 휘둘려 초조해집니다. 이처럼 바쁘거나 지치는 타이밍에 계속 똑같은 공부 방식을 고집하기보다는 지속적으로 자신의 상황을 고려하여 공부 방식을 효율적으로 바꾸거나 보완하는 융통성이 있어야 합니다.

A 씨는 오랫동안 전화 영어 수업을 받았지만, 최근 한 영어 회화 학원에서 원어민 선생님과 반 배정 영어 인터뷰를 했습니다. 실제로 외국인을 대면했을 때 얼마나 영어로 대화할 수 있을지 확인해보기 위해서였습니다. A 씨는 앞으로도 이런저런 방법으로 혼자 공부하면서, 실력 점검과 동기부여를 위해 1년에 한두 달 정도는 회화 학원에 다니거나 해외여행을 갈 계획입니다.

많은 분이 영어 프로그램을 1년씩 결제해 놓고 3개월밖에 못했다고 자책하면서 영어 공부와 멀어지는 것을 봅니다. 하지만 영어 학습 프로그램이 제공하는 패키지의 결제 단위에 맞추어 나의 영어 공부 성공 여부를 판단할 필요는 전혀 없습니다. 한 가지 방식으로 공부를 꾸준히 해야만 끈기가 있다는 생각은 착각입니다. 여름이면 수영을 하고, 겨울이면 스키를 탄다고 해서 운동의 끈기가 없는 것이 아니듯 영어 공부법 역시 자신의 계절에 맞게 이어나가는 것이 더 중요합니다.

특히 내향형들은 필연적으로 다양한 학습법을 경험하며 자신의 상황에 맞게 영어 공부법을 업그레이드해 나가야 합니다. 학원에 다녀보니 사람들이 너무 많아 부담된다면 인원이 적은 수업으로 옮겨가면 됩니다. 혼자 공부하다 보니 슬럼프에 빠졌다면 과외를 몇 개월이라도 받아보는 게 공부 방향을 정하는 데 도움이 됩니다. 혼자 공부하는 것이 동기부여가 잘 안되면 온라인 필사 모임에 몇 달간 도전해 볼 수도 있습니다. 이처럼 바쁘고 변수 많은 일상에서 영어 공부를 이어가는 비결은 남다른 '고집'이나 '노력'이 아니라 '융통성'입니다.

안전지대를 확장하기

안전지대 밖에 있는 것

안전지대comfort zone란 이미 충분히 경험해 봐서 예측 가능한 상태에 머물러 있을 때 느껴지는 기분을 표현하는 말입니다. 우리는 익숙하고 안락한 곳에서 벗어나 낯설고 어렵게 느껴지는 것들을 시도하며 성장을 경험하게 됩니다. 그러나 생각과 달리 대부분은 본능적으로 자신이 제대로 못하는 것을 연습하기보다 이미 익숙한 것만 반복하느라 틀린 것을 또 틀리기도 합니다. 익숙하지 않은 것을 시도할 때 느끼는 괴로움과 답답함을 피하기 위해서입니다.

영어에는 "Step out of your comfort zone(안주하지 말라)"라는 표현이 있습니다. 스스로 제한해 놓은 선 밖으로 발을 내디디며 역량의 영역이 확장되는 이미지가 그려지는 표현입니

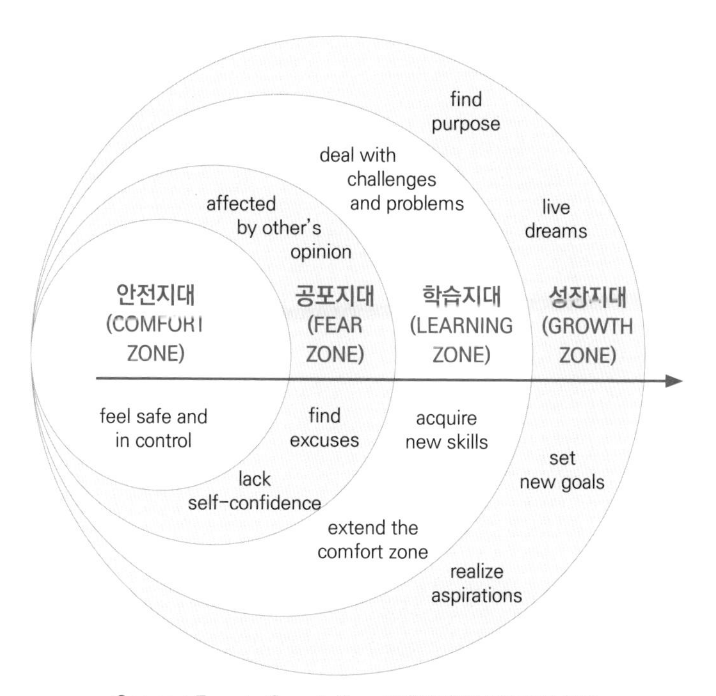

Comport Zone to Growth Zone(안전지대에서 성장지대로 확장)

다. 많은 심리학자에 의해 인용되고 있는 위 다이아그램은 우리가 어떻게 안전하고 익숙한 것에서 벗어나 성장을 하게 되는지 잘 설명해 줍니다.

안전지대 밖으로 나서서 처음 마주하는 것은 공포지대Fear zone입니다. 이 영역에서 우리는 회피할 핑곗거리를 찾거나 자신감이 없는 채로 타인의 의견에 휩쓸립니다. 하지만 이 역시 반복해서 경험하다 보면 학습지대Learning zone로 한 발 더 내딛게 됩니다. 학습지대에서는 낯선 것들에 익숙해지면서 새로운 기술을 습득하게 되고, 문제를 해결할 수 있게 됩니다. 그리고 마지막으로 성장지대Growth zone까지 확장되면 내 목적이 이루어졌다는 것을 인지하게 됩니다. 계속해서 성장하는 사람들은 이런 과정을 반복하며 자신의 안전지대를 확장해 나갑니다.

영어 안전지대를 확장하는 방법

그렇다면 영어 공부에서 안전지대를 확장하고 성장하기 위해서는 어떻게 해야 할까요? 우선 작지만 견고하고 든든한 안전지대부터 만들어야 합니다. 단 한 번도 영어가 편하거나 친숙하게 느껴진 적이 없는 사람이라면 두려움을 극복하고 영어 실력을 확장해나갈 수도 없습니다. 그러므로 어떠한 방식으로든 영어가 쉽고 안전하게 느껴지는 경험을 쌓아야 합니다. 예를 들어, 영어 말하기는 부담스럽지만, 필사와 영작은 마음이 편하고 즐겁게 느껴질 수 있습니다. 또는 원서읽기는 버겁고 어렵지만, 쉽고 짧은 그림책이나 만화를 읽으며 하는 영어 공부는 즐길 수도 있습니다. 좋은 영어 선생님을 만나 영어 대화의 즐거움을 느껴보는 것도 좋습니다. 그게 무엇이든 영어의 안전지대가 생기면 확장해나갈 여지도 커집니다.

두 번째, 안전지대 밖에 무엇이 있는지 마주해야 합니다. 안전지대를 벗어나면 느끼는 두려움은 우리가 새로운 시도를 하는 것을 막습니다. 게을러지거나 핑계를 대며 일을 미루게 되죠. 예를 들어, 영어를 혼자 하는 것이 편안하게 느껴진다면 안전지대 밖에는 누군가에게 나의 영어 실력을 드러내는 것에 대한 두려움이 있을 수 있습니다. 또, 짧고 간단한 말만 하는 사람이라면 긴 문장을 시도할 때 문법적으로 틀리는 것에 대해 두려움을 느끼는 것일 수 있습니다. 내가 느끼는 두려움이 무엇인지 객관적으로 파악할수록 어떤 연습을 통해 문제를 해결할 수 있는지도 정확히 이해하게 됩니다.

세 번째, 가장 작고 쉬운 도전부터 시작해야 합니다. 누군가와 영어로 대화 나누기가 두렵다면 당장 억지로 원어민 수업에 도전하기보다는 온라인 모임이나 채팅, 혹은 친한 사람들과 스터디 모임부터 시작하는 것도 방법입니다. 서둘러 문제를 극복하려고 조급해 하기보다는 한 번에 하나씩 쉬운 도전부터 하다 보면 관성을 얻어 꾸준히 공부할 수 있습니다.

마지막으로 낯선 시도가 주는 불편함에 익숙해져야 합니다. 겪다보면 담담해집니다. 그리고 나면 자신의 감정도 더 객관적으로 이해하게 됩니다. 처음에는 그저 '어렵다' '재미없다'라고 생각하며 불편함의 이유를 알려고 하지 않았을 수도 있습니다. 하지만 도전 과정에 익숙해질수록 공부 방식이 나에게 맞지 않는 것인지, 영어를 잘해야 한다는 부담이 힘든 것인지, 변명이나 회피 없이 진정한 이유를 살펴볼 수 있습니다. 안전지대 밖으로 발걸음을 내딛는 연습을 반복하다 보면 그 과정이 실패가 아니라 성장의 과정이라는 것 또한 이해하게 될 것입니다.

가성비 좋은 비대면 영어 학습

대면 수업의 가성비

'이건 언어라고. 무슨 언어를 온라인에서 배워?'

십 년 전만 해도 영어 강사로서 느끼는 비대면 수업의 실효성은 별 볼 일 없는 것이었습니다. 모름지기 영어는 직접 부딪히고 상대방의 반응을 보면서 소통의 감각과 자신감을 키워야 실력이 는다고 믿었기 때문입니다. 지금은 영어 공부법과 자료들을 인터넷에서도 쉽게 찾을 수 있지만, 그때만 해도 영어 공부의 노하우를 알려줄 좋은 선생님과 교재를 얻기 위해서 오프라인 수업을 찾아다니는 분위기였습니다.

물론 대면 수업이 늘 효과를 보장하는 최고의 방법은 아니었습니다. 아침마다 꼬박꼬박 출석을 하는데도 거의 말을 하지 않거나, 흥미를 느끼지 못하고 마지못해 앉아있는 것 같은 사람들도 있었습니다. 또, 틀린 부분을 고쳐주면 실력 향상에 효과를 보기보다는 오히려 당황하거나 부끄러워하며 공부에 대한 의욕을 잃는 경우도 있었죠.

대학을 막 졸업한 취업 준비생 A 씨는 졸업 후 시간을 생산적으로 보내고, 혹시 모를 영어 면접에도 대비할 생각으로 어학원에 등록했습니다. 교실에 들어서자 열 명이 좀 넘는 사람들이 앉아 있었습니다. 낯선 사람들 사이에서 느껴지는 어색함에 A 씨는 휴대전화를 만지작거리며 수업이 시작되길 기다렸습니다. 하지만 수업이 시작되자 더 진땀이 났습니다. 강사가 각자 옆에 앉은 사람과 영어로 간단한 자기소개를 나누는 시간을 준 것입니다. A 씨보다 연배가 높은 한 남자가 선뜻 먼저 영어로 인사를 건넸습니다. 상대는 이런 상황이 익숙하다는 듯이 술술 자신감 있게 자신을 소개했습니다. 곧 A 씨의 차례가 왔지만 무슨 말을 해야 할지 머릿속이 하얘진 그는 이름과 나이만 짧게 이야기하고 어색하게 몸을 돌렸습니다. 50분 수업이 끝나고 다시 한 시간 가까이 걸려 집으로 돌아가는 길에 허무하다는 생각이 들었습니다. 제대로 된 영어도 못 해본 데다가, 다른 사람들에게도 민폐인 것 같다는 생각이 들자 학원에 가는 것이 부담스럽게 느껴졌습니다.

사람마다 대면 수업의 경험은 다르게 다가옵니다. 낯선 사람들에게 둘러싸여 있을 때 기분 좋게 흥분되는 에너지를 느끼고, 처음 본 사람에게 자기를 드러내는 일을 즐기는 사람과 그렇지 않은 사람이 느끼는 대면 수업의 경험은 전혀 다를 수밖에 없습니다. 그래서 내향형에게 대면 수업은 상대적으로 '가성비'가 떨어집니다. 보통 내향형들은 새로운 환경에 놓이면 기분 좋은 설렘보다는 불편함을 느끼기 때문입니다. 낯선 대화 상대에게 자기 이야기를 하는 것을 꺼리고, 말수가 적다 보니 같은 수강료를 내고도 말할 기회를 잡기가 어렵습니다. 얻을 수 있는 것은 적은 반면에 소진되는 에너지는 상대적으로 큰 셈입니다.

하지만 대면 수업만이 유일한 옵션이라고 여겨지던 때에는 내향형들이 택할 수 있는 다른 마땅한 선택지가 없었습니다. 어쩔 수 없이 가성비 떨어지는 수업을 감수하고 스스로 성격을 바꾸려고 노력했죠. 이에 성공하지 못하면 영포자가 되기 십상이었습니다.

비대면 학습의 진화

최근 몇 년 사이 영어 공부 방식과 교육 콘텐츠는 급속도로 변했습니다. 한국토익위원회가 2021년 실시한 설문조사 결과를 보면 62.2%의 응답자가 영어 공부 방법으로 '독학'을 꼽았습니다. 반면 오프라인 학원 수강은 11.5%에 불과했습니다. 학습자들이 선택하는 비대면 학습 도구 역시 다양해졌습니다. 복수 응답을 한 영어 학습자들의 62.1%가 유튜브를 포함한 SNS 채널을 이용해 공부한다고 밝혔으며, 온라인 학원 강의(44.6%) 외에도 영어 학습 앱(31.1%), 영어 드라마, 영화(30.6%), 인터넷 카페, 블로그(15.4%), 영어 뉴스(13.2%), 영어 쇼와 라디오(11.7%)를 사용한다고 답했습니다.

비대면 영어 학습은 시대의 큰 흐름이기도 합니다. 기술 변화와 코로나 팬데믹의 상황이 만나면서 혼자 있을 수 있는 안전한 시간과 공간을 보장하면서도 타인과의 소통을 가능하게 하는 방법들이 빠르게 일상화되었기 때문입니다. 비슷한 관심사를 가진 해외에 있는 사람들과 소셜 미디어 앱을 통해 영어로 대화를 나누기도 하고, 화상통화를 하며 서로의 언어를 가르쳐주는 언어교환 앱들 역시 많이 사용되고 있습니다.

AI 기술과 영어 교육이 만난 것도 비대면 영어 교육에 큰 변화를 일으키고 있습니다. 이미 여러 영어 학습 앱들이 혼자서도 누군가와 대화를 주고받듯이 말하는 연습을 할 수 있는 기능을 제공합니다. 원어민의 소리를 따라서 읽으면 자동으로 발음 정확도를 확인해주거나 수정 피드백을 주기도 합니다. 미래학자이자 미국 다빈치연구소 소장 토머스 프레이는 포스트 코로나 시대 교육을 주제로 한 워크샵에서 "2030년이면 테크기업들이 교육 전문 기업이 되어 있을 것"이라고 예견한 바 있습니다. 기술 변화가 주도하는 교육 트렌드의 변화가 불가피하다는 의미일 것입니다.

그 외에도 획기적으로 변화하고 진화한 비대면 영어 교육의 면모는 일상 속에서도 쉽게 찾을 수 있습니다. 전에는 직접 원어민을 만나지 않고 영어를 듣기 위해서는 어학기에 테이프가 늘어지도록 반복해서 들어야 했습니다. 하지만 이제는 언제 어디서든 휴대폰만 있으면 스트리밍 플랫폼에서 한영 자막을 바꿔가며 해외 드라마와 영화를 볼 수 있습니다. 실시간 업로드되는 최신 뉴스와 다양한 지식과 정보를 담은 영어 영상들 역시 유튜브에서 24시간 이용 가능합니다.

이런 기술들이 있는 이상, 이제 비대면 영어 공부는 혼자 고립되어 글로만 공부한다는 의미가 아닙니다. 자신이 가장 편한 시간과 장소에서 세상과 보다 긴밀하게 실시간 연결되어, 나에게 가장 적절한 콘텐츠를 활용해 가성비 높은 공부를 하는 스마트한 학습법입니다.

비대면 영어 공부의 기쁨

효과적으로 영어 실력을 향상하는 내향형 학습자들은 기존에 정해져 있는 공부법을 고수하기보다 자신에게 맞는 방법을 찾습니다. 자신의 영어 수준이나 관심사뿐 아니라 생활 패턴과 편의성을 고려하여 다양한 방식으로 나에게 맞는 공부법과 새로운 학습 도구들을 발견해 나가는 식이죠.

IT 업계에서 일하는 B 씨의 경우 몇 달간 새벽반 영어 회화 수업을 듣다가 그만두었습니다. 막상 학원에서 수업을 듣다 보니 말하기만 연습하면 되는 문제가 아니었기 때문입니다. 영어로 나눌 만한 대화거리도 없었고, 듣기 실력도 부족해서 계속 긴장한 채로 상대의 말을 들었더니 수업에 대한 부담이 컸습니다.

학원을 그만둔 그는 대신 매일 출근 전에 30분씩 카페에서 혼자 영어 공부를 하고 있습니다. 특히 영어 기사 앱을 자주 사용합니다. 처음에는 인터넷에서 추천하는 대로 CNN 같은 뉴스 채널에서 자료를 찾아 공부해 보았지만, 어휘도 너무 어렵고 흥미로운 뉴스 기사를 찾기도 번거로웠습니다. 반면에 '뉴젤라' 같은 학습 앱들은 기사를 어휘 레벨별로 나누어 여러 버전으로 재편집해놓았기 때문에 수준에 맞는 글을 찾아서 읽을 수 있었습니다. 음성으로 듣기 공부를 하고, 혼자서 따라 읽기도 했습니다. 공부한 기사가 수십 개가 넘어가자 B 씨 자

신도 독해력과 어휘 실력이 좋아졌다는 것이 느껴졌습니다. 무엇보다 아침 시간을 생산적으로 잘 쓰고 있다는 사실에 뿌듯함이 컸습니다.

대면 영어 학습의 장점은 영어 공부를 위한 다양한 자극과 정보를 얻고 직접 영어로 소통해볼 수 있는 기회를 얻는다는 것입니다. 그래서 대면 학습에서 보람을 느끼는 사람들은 "다른 사람을 보면서 자극이 된다" "그들에게 배우는 것이 많다"라고 이야기하죠. 반면에 비대면 학습의 장점은 타인에게 맞추지 않고 유연하게 일과에서 짜투리 시간을 활용할 수 있으며, 공부 시간이 혼자 에너지를 충전하는 시간도 될 수 있다는 점입니다. 때문에 자율성을 중요하게 여기거나 효율적으로 공부하고자 하는 욕구가 강할수록 비대면 영어학습은 탁월한 가성비를 발휘합니다.

혼잣말의 힘

내향형들이 말하는 최고의 영어 공부법

지난 몇 년간 팬데믹과 맞물려서인지 혼자 하는 영어 공부를 통해 큰 효과를 보았다는 이야기를 여러 사람에게 들었습니다. 2022년 8월, 제가 운영하는 유튜브 채널 〈일간 소울영어〉에서 내향형 학습자를 대상으로 한 설문조사도 비슷한 결과를 보여줍니다. '영어 회화 공부할 때 가장 도움이 된 방법은 무엇이었나요?'라는 질문에 응답자 6천 명 중 45%가 고른 방법은 바로 '혼잣말하기'였습니다. 반면에 학원, 스터디 또는 전화/화상 영어, 과외가 가장 도움이 되었다고 답한 응답자는 각각 24%와 20%에 그쳤습니다.

하지만 영어로 혼잣말하기는 하나의 공부법이라기보다는 다양하게 응용되는 연습 방식에 더 가깝고 어떻게 활용하느

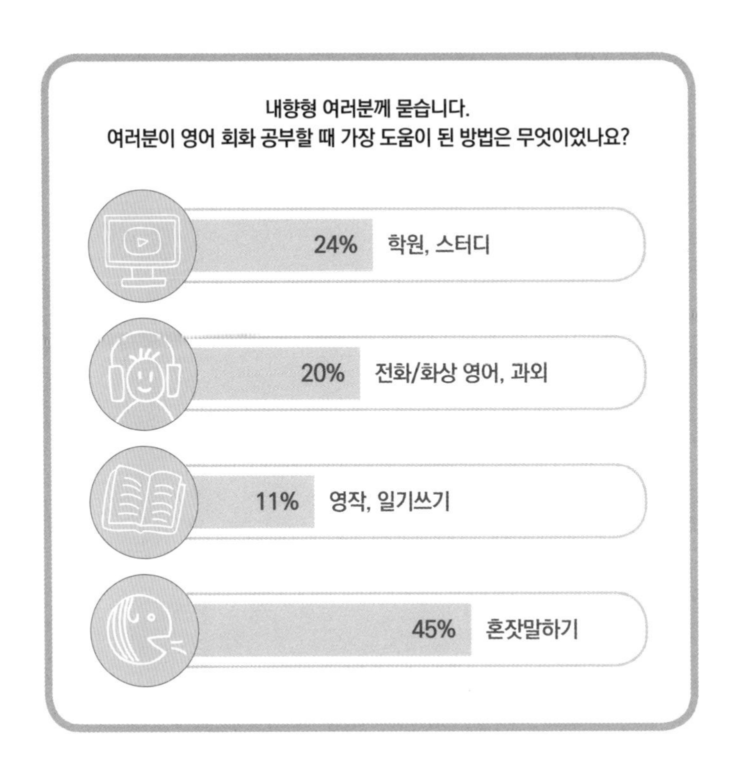

냐에 따라 그 효과도 다릅니다. 영화나 미드의 대본을 따라 연기하듯 소리 내어 말했다는 사람도 있고, 노트에 자기가 하고 싶은 말을 영작하고 다시 소리 내보는 연습을 반복했다는 사람도 있습니다. 또한 영어 기사를 독해하고 나서 요약해 말하는 연습을 했다는 사람도 있습니다. 어떤 방식이 더 효과적이냐는 개개인이 가진 흥미나 성향 등에 따라 다를 수 있습니다. 그보다 주목할 점은 내향형들이 혼자서 소리 내어 말해보

는 과정을 통해 실력뿐 아니라 자신감의 변화를 경험했다거나 영어 공부의 즐거움을 느꼈다고 말한다는 점입니다.

효과 있는 혼잣말의 특징

외국어 습득이론의 대가이자 세계적인 언어학자인 스티븐 크라센은 우리가 내뱉는 언어의 수준을 높이기 위해서는 말하기 연습 방식보다 무엇을 접하는지(인풋)가 더 중요하다고 말했습니다. 누군가의 말을 유심히 들으면서 인풋이 인지되고, 한참 동안은 전혀 실력이 늘지 않는 것처럼 보이는 '침묵기'를 거치게 되지만 결국 충분한 인풋이 쌓이게 되면 입 밖으로 말이 나오는 것이 모든 언어 습득의 과정이라는 것입니다.

그의 이론은 '대화 상대가 있냐 없냐'와는 상관없습니다. 오히려 "읽기는 언어를 배우는 최상의 방법이 아니다. 그것은 유일한 방법이다"라며 대화 상대가 없더라도 이해 가능한 인풋을 늘려 갈 수만 있다면 영어를 습득할 수 있다고 강조합니다. 여기서 문제는 와닿지 않는 랜덤한 영어 문장을 앵무새처럼 반복해서 읽거나, 자발적이지 않은 방식으로 억지스럽게 읽고 들으면 실력이 늘지 않는다는 점입니다. 의미 없는 인풋은 의미 있는 아웃풋을 만들어내지 못하고 곧 기억에서 사라질 수밖에 없으니까요.

이는 콘텐츠들을 활용한 말하기 학습에도 적용이 됩니다. 예를 들어, 미드 〈프렌즈〉의 대사를 따라 하며 공부한 사람 중에는 이 시트콤의 내용이 정말 재미있어서 캐릭터에 빙의되듯 대사가 저절로 외워진 바람에 공부에 효과적이었다는 사람들이 있습니다. 반면 어떤 사람들은 드라마 내용이 우리나라 실정에 맞지 않고, 내용에 흥미가 생기지 않아 대사를 외우면서도 써먹을 수 있을 것 같지 않다고 말하는 사람들도 있습니다. 같은 콘텐츠에 대한 반응이 이토록 다릅니다.

결국 소리 내어 읽는 혼잣말하기 공부법의 효과는 나에게 맞는 인풋을 발견하는 일에 달려있습니다. 좋아하는 콘텐츠의 명대사를 마음에 새기고 싶어 할 때, 재미있게 읽은 기사글의 문장들을 정리하며 나도 이런 말을 꼭 해보고 싶다는 열망이 있을 때 우리는 능동적으로 인풋을 받아들이고 흡수합니다. 그러므로 무엇보다 나의 취향과 관심사를 반영하여 어떤 콘텐츠들을 많이 읽고 들을 것인가를 고민하고 선택하는 것이 혼잣말하기 공부법의 핵심인 셈입니다.

불안한 채로 하는 영어는 늘지 않는다

크라센의 이론을 조금 더 살펴보면, '인풋의 확장'과 더불어 강조되는 것이 있습니다. 바로 '마음의 상태'입니다. 학습자가 잔뜩 긴장했거나 기가 죽은 상태에서 영어를 하게 되면 감정적인 여과 장치Affective filter가 발동하게 되고 이때는 이해 가능한 인풋이 있더라도 받아들이지 못한다는 것입니다. 반면에 학습 동기가 높고, 자신감이 있고, 불안감이 낮은 상태일수록 여과 없이 언어 습득이 활발하게 일어납니다. 예를 들어, 영어를 잘하는 동료나 선배가 내가 하는 영어를 듣고 평가하고 있다고 생각하면 긴장되어 말문이 막힙니다. 수업 시간에 새로운 영어 표현을 배워도 활용하기가 두렵고 피드백을 집중해서 듣기도 어려워집니다. 반대로 내 말을 경청해 주거나 마음 편한 상대를 만나면 불안이 사라지면서 영어 대화에 완전히 몰입하게 됩니다. 생각하지 못한 표현이 입 밖으로 튀어나오거나 상대의 말을 쉽게 모방하기도 하죠. 감정적인 필터가 낮아져서 학습 효율이 극대화될 때 일어나는 일입니다.

이번에도 유튜브 채널에서 '최악의 영어 공부 환경'이 무엇인지를 묻는 설문조사를 실시했습니다. 응답자 4천 6백 명 중 가장 많은 43%가 '나 말고 다른 사람은 모두 영어를 잘할 때'라고 답했습니다. 댓글을 보니 원어민은 괜찮지만 영어 잘하는 한국인들과 대화할 때 주눅이 들어 집중하기가 어렵다는 의견이 많았습니다. 그밖에 '어렵거나 준비가 안 된 주제

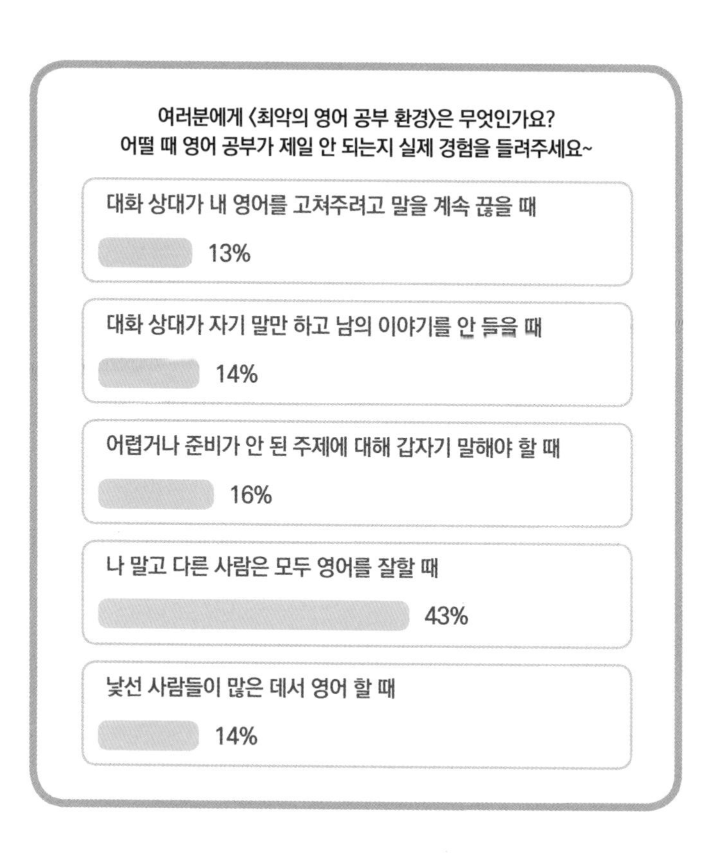

에 대해 갑자기 말해야 할 때'(16%), '대화 상대가 자기 말만 하고 남의 이야기를 안 들을 때'(14%), '대화 상대가 내 영어를 고쳐주려고 말을 계속 끊을 때'(13%), '낯선 사람들이 많은 데서 영어 할 때'(14%)는 모두 비슷한 수준의 응답률을 보였습니다. 결국 무조건 대화 상대가 있거나 말을 많이 한다고 해서 영어 실력이 느는 것이 아니라, 평가나 비교에서 자유로

운 환경이거나 마음을 편하게 해주는 대화 상대를 만나야 영어 공부의 능률이 오른다는 것이죠.

사실 혼잣말하기가 효과적이라고 해도 새로운 자극을 추구하고자 하는 외향형에게는 상대적으로 지루하게 느껴지거나 비효율적인 공부 방식일 수 있습니다. 하지만 낯선 자극에 더 예민하고 쉽게 긴장하는 내향형에게는 인풋에 몰입하며 앞으로 나눌 영어 대화에 대해 미리 리허설해 보고, 영어 불안을 극복할 수 있는 매력적인 방법입니다. 그러므로 '무조건 낯선 사람들과 만나서 많이 말해봐라'라는 외향형 식의 영어 조언을 마음에 새길 필요는 없습니다. 크라센의 말처럼 내가 가장 마음이 편한 말하기 공부 방법이 효과도 가장 높습니다.

셀럽들에게 배우는 나다운 영어

이미지가 떠오르는 영어

개그맨 조세호 씨는 한 방송에서 영어 시험보다는 회화가 더 자신이 있다고 이야기한 적이 있습니다. 예능 프로그램 〈유 퀴즈 온 더 블럭〉에서 종종 그가 영어하는 모습을 볼 수 있는데, 그의 말뜻이 이해가 갑니다. 길을 가던 외국인과 이야기를 나누던 조세호 씨는 외국인이 삼겹살을 좋아한다고 하자 냉동삽겹살을 소개하려고 합니다. 옆에 있던 유재석 씨가 '냉동?'하고 단어를 되뇌며 마땅한 단어를 고민하는 동안 조세호 씨는 '아이스ice 삼겹살'이라는 다소 황당한 단어를 던집니다. 그러더니 곧이어 'freezing(추운, 결빙의)'이라는 단어로 부연 설명을 하여 얼추 원래 단어인 frozen(얼린)이라는 단어와 근접하게 설명합니다. 또, 그는 뜨거운 불판에 차가운 고기를 굽는 소리를 내며 상대를 이해시키기도 합니다.

이처럼 조세호 씨가 하는 영어의 특징은 이미지를 그리듯이 대화하는 것입니다. 갑자기 '냉동'이라는 단어를 떠올리려 하면 막막해지지만 대략의 이미지로 설명하다 보면 엇비슷하게 적당한 단어를 찾아가게 됩니다. 가령, '삼겹살'이라는 단어 역시 마찬가지입니다. 글자만 생각하고 번역하면 'three layer meat(세 겹 고기)' 같은 엉뚱한 단어가 떠오르지만 돼지고기 중 삼겹살 부위를 이미지로 떠올리면서 공부하면 'pork belly(돼지고기 뱃살 부위)'라는 단어가 자연스레 기억에 남는 식이죠.

조세호 씨의 영어 스타일은 또 하나의 특징이 있습니다. 바로 리액션입니다. 방송 중에 한 외국인이 "한국의 인터넷은 정말 빠르다The Internet here is super fast"라고 말하자 그는 "Super fast!"라며 그의 말에서 중요한 단어만 따라 반복합니다. 이렇게 상대의 말을 반복해주는 것만으로도 소위 말하는 대화의 텐션이 올라가서 말하는 재미가 생깁니다. 또, 그는 짧은 질문이라도 직접 던지고, 모르는 답변에는 아는 척하지 않고 다시 물어보며 대화의 흐름을 놓치지 않습니다.

영어 회화에는 어휘와 문법 실력만 필요한 것이 아닙니다. 내가 아는 단어들만 가지고 최대한 내 생각들을 표현해내는 것도 실력입니다. 그런 의미에서 조세호 씨의 영어 스타일은 대화가 단어의 조합뿐 아니라 비언어적 요소들이 어우러져 일어난다는 사실을 기분 좋게 상기시킵니다.

기억하면 좋을 표현

나는 삼겹살구이를 먹었다.

I had grilled pork belly.

필사와 낭독

음미하려는 욕구

내향형들이 가장 많이 언급하는 영어 공부법 중 하나가 바로 필사와 낭독입니다. 가장 고전적인 공부법이기도 하지만 제가 이야기하는 필사와 낭독은 무조건 여러 번 소리 내어 읽고, 쓰고, 암기하는 식의 공부법을 의미하는 것은 아닙니다.

요즘 A 씨는 그래픽 노블을 읽으며 영어 공부를 합니다. 그래픽 노블은 원래부터 만화를 좋아하는 A 씨 취향에 딱 맞는 영어 교재입니다. 그는 상황이 눈에 보여서 맥락을 이해하기 쉽고 주제나 스토리도 재미있다고 말합니다. 그래서인지 읽고 그냥 넘길 수 있는 대사들도 더 유심히 보게 됩니다. 가령, 이야기 속 한 인물이 좋은 생각이 났다며

함께 졸업파티에 가자고 제안합니다. 눈이 동그래진 채 그가 한 말은 "I have a crazy idea"입니다. 이 문장에서 crazy는 흔히 쓰이는 '제정신이 아닌'의 의미가 아니라 '신나는' '멋진'의 의미로 보입니다. A 씨는 이렇게 좋아하는 이야기와 그림 속에 잠시 머물며 표면적 정의만 알고 넘기는 대신 단어의 진짜 의미를 음미하게 되는 것이 즐겁다고 말합니다.

A 씨의 이야기에서 인상적인 단어는 '음미'입니다. 십 년 전만 해도 영어 교재가 아니면 마땅히 인풋을 찾을 만한 곳이 없어서 고민이었지만 지금은 반대입니다. 오히려 넘쳐나는 콘텐츠에 계속 노출되고 있지만 한번 듣고 지나가 버리거나, 완전히 이해하지 못한 채 넘겨야 하는 영어 문장들이 많아 찜찜함을 남깁니다. 내향형들은 온전히 음미하고 내면화하고자 하는 욕구가 있습니다. 이들에게 있어 좋아하는 영어 문장으로 노트를 채워가는 필사는 나 스스로 인풋을 받아들이는 속도를 조절하며 혼자 생각을 정리할 수 있는 여유를 주는 공부 방식입니다.

필사와 녹음의 차이

필사가 적극적으로 인풋을 받아들이는 과정이라면 낭독과

녹음은 아웃풋에 대한 확신을 키우는 과정입니다. 스스로 뱉은 말들은 순간 증발되어 버립니다. 반복해서 소리 내어 읽어보고 녹음하고 들어보는 과정을 통해 표현들을 체화해야 하는 이유죠. 필사와 녹음이라는 이 두 공부법을 통해 서로 다른 에너지를 얻는다고 표현한 사람도 있습니다. 꾸준히 원서를 필사하거나 뉴스 기사를 녹음하며 영어 실력을 향상해온 B 씨입니다.

필사할 땐 깊숙하게 빠져드는 기분이라면, 녹음할 땐 제 안에 있는 발랄한 면을 끌어올리는 기분이에요. 필사하면 마음이 차분해지면서 문장 하나하나가 마음으로 들어와요. 그래서 다양한 문장들과 친해지고 익숙해지면서 마음도 같이 편해집니다. 반면에 녹음할 땐 연기하듯 좀 다른 모습을 깨우게 돼요. 누군가가 듣고 있다면 쑥스러워서 보여주지 않을 모습이지만 혼자니까 평소와는 다르게 좀더 적극적으로 읽어보는 거죠. 그러다 보면 정말 활기가 생기고 나에게 이런 모습이 있다는 것이 상기됩니다. 가끔 오래전에 녹음해 놓은 것을 들을 때는 '내게 이런 목소리가 있구나' 싶고요. 이렇게 저의 낯선 면을 만나는 것이 기분 좋습니다.

그녀가 생각하는 필사와 녹음의 차이는 섬세하게 영어 공부를 하며 누리는 각기 다른 기쁨을 잘 설명해 줍니다. 필사할 때는 몰입의 만족감을 느낄 수 있다면, 녹음하면서는 자신의 새로운 면을 끌어내며 활기를 느끼는 것이죠.

영어 수집하기

국제 항공사의 승무원으로 근무하는 A 씨는 딱히 대단한 영어 공부 비결 같은 것은 없고 여러 가지 방법을 활용했다고 말합니다. 미드를 보며 공부하기도 했고, 영어 면접을 위해 과외를 받기도 했습니다. 각각의 방법들이 모두 도움이 되었지만 어느 정도 하다가 흥미가 줄어들면 새로운 방법을 찾는 식이었죠. 그런데 그 중에서도 유일하게 꾸준히 지속한 것이 바로 노트 정리였습니다. 상대가 하는 말 중에 기억하고 싶은 표현이나 흥미로운 드라마 대사들을 메모를 해두었다가 노트에 옮겨서 붙여 놓았더니 노트는 스크랩북처럼 두꺼워졌고 그녀는 그런 노트를 넘기며 전에 배운 표현들을 훑어보는 것이 기분 좋다고 말합니다.

이는 내향형들이 이야기하는 영어 공부법 속에 종종 등장하는 '단어 모으기'입니다. 마치 좋아하는 피규어나 레고를 모으듯이 영어 표현을 수집해서 공부하는 방법이죠. 단순히 랜덤하게 혹은 알파벳 순서대로 정리된 단어들을 외우는 것과는 다릅니다. '저 표현 너무 멋지다' '저렇게도 말할 수 있구나' 싶어 마음이 끌리는 표현들을 소유하려는 듯 가져와서 정리해 둡니다. 영어를 잘하는 회사 선배가 사용하는 표현을 듣고 감탄했을 때, 드라마 장면에 등장한 대사가 세련되었다고 느껴질 때마다 모아 놓은 영어 표현들을 보면 자신이 미래에 구사하고 싶은 영어의 이미지가 뚜렷하게 그려집니다.

추억과 영어를 함께 담는 스크랩북킹

내향형인 저 역시 영어 스크랩북을 만들며 영어 공부를 하는 것을 즐겼습니다. 스크랩북킹은 그저 문장을 기억하는 데에만 집중하기보다 영어 문장에 추억과 그 장소의 기억을 함께 담는 효과가 있습니다. 예를 들어, 여행 중에 맥도날드에서 햄버거를 먹고는 메뉴에 적힌 문장을 오려내어 노트에 붙입니다.

"추가 비용을 내고 다른 음료를 고르세요."

Pick a different drink for an additional charge.

'추가로 돈을 내는 것을 'additional charge'라고 표현하면 되는구나!' 언뜻 보면 이해는 가지만 입 밖으로 잘 안 나올 것 같은 표현들을 만나면 모아두는 것이죠. 이렇게 노트에 붙여진 알록달록한 종잇조각들을 보면 조금씩 매일 실력이 늘고 있다는 확신이 생깁니다. 마치 내가 원하는 영어를 구사할 수 있게 목표 지점까지 지도를 그려 나가는 듯한 뿌듯함은 덤입니다.

공부하기가 아니라 소유하기

영어 신문을 구독하며 정기적으로 영어 기사를 오려 노트에 붙여 모은다거나, 원서로 책장을 채우며 뿌듯함을 느끼는 학습자들이 있습니다. 이런 식의 공부법에서 느끼는 만족감에는 물건들과 함께 영어를 소유하고자 하는 욕망이 들어있습니다.

B 씨는 자신의 영어 공부법에 대해 말하면서 '내 것이 된다'라는 표현을 씁니다. 마케터인 B 씨는 평소 사회 이슈에 대해 배우거나 상식을 쌓는 것을 즐깁니다. 그렇기에 영어 신문을 보며 요즘 화제가 되는 이슈를 영어로는 어떻게 표현하는지 확인하는 것 역시 흥미롭게 느껴집니다. 가령 '인구 감소population decline'처럼 자주 화젯거리가 되는 표현을 영어로 알아두는 것에서 뿌듯함을 느끼죠.

또 하나 그녀가 매주 꾸준히 해온 공부 방법은 기사 번역하기입니다. 그날의 기사 중에 가장 관심 가는 것을 오려 노트에 붙이고, 영어 기사는 최대한 정확하게 우리말로 번역하고, 거꾸로 우리말 기사는 다시 영어로 바꿉니다. 그녀는 이 공부법이 자신의 취미와도 같다고 말하며 이렇게 반복하고 나면 문장들이 '내 것이 되는 기분'이라고 강조합니다.

내향형들은 종종 '가장 자주 쓰이는 100개의 영어 문장'처럼 랜덤한 문장을 모아 놓은 회화 책을 외우는 것에 흥미를 느끼지 못한다고 말합니다. 대신 자신에게 쓸모 있다고 느껴지거나 흥미로운 스토리를 모아서 소유하고 싶어 합니다. 또, 많은 내용의 인풋을 해석하거나 이해하는 데서 만족감을 느끼기보다는, 적은 인풋이라도 직접 모방해보고 정확하게 체화하고자 하는 욕구를 이용해 영어 공부를 이어 나갑니다. 내향형들은 깊이 있게 이해하고 내면화할 때 기쁨을 누리고 에너지를 얻기 때문입니다.

학원이 잘 맞는 내향형

내향형이라고 해서 무조건 학원은 안 맞다거나 혼자 하는 공부가 더 효과가 있다고 단편적으로 말하기는 어렵습니다. 같은 내향형이라고 해도 극 내향형부터 외향적인 면도 많아 양향형에 가까운 내향형까지 그 정도가 다르기 때문입니다. 따라서 내향형 중에서도 적당한 정도의 사회적 교류가 오히려 영어 학습에 긍정적인 자극이 되는 경우도 있습니다.

또 하나 고려해야 하는 것이 학습자마다 다른 현실적인 상황과 여건입니다. 면접이나 시험과 같은 특수한 상황에 대비하기 위해서라면 비슷한 고민을 하는 사람들과의 모임이나 수업이 필요할 수 있습니다. 또는 육아나 과중한 업무 때문에 혼자 집에서 조용히 공부하기가 어려워서 정해진 커리큘럼이 주는 의무감이 필요할 때도 있죠. 처음에는 학원에 다니길 원하지 않았던 학습자들도 어느 정도 영어에 대한 자신감이 쌓이고 나면 낯선 사람들 사이에서 영어 대화의 경험을 쌓고자 하는 욕구가 생기기도 합니다.

30대 후반의 A 씨는 대학시절 처음 회화에 도전할 때 학원 수업을 시도했지만 몇 번 출석하고는 수강료 날리기를 반복했습니다. 말을 이어가야 할 때 느끼는 막막함이 큰 스트레스로 느껴졌기 때문입니다. 대화를 나누다가도 과연 상대가 내 말을 알아들을까 싶어져서 말끝을 흐릴 때가 많았습니다. 하지만 미드 등 영어 방송을 꾸준히 보기는 훨씬 쉬웠습니다. 특히 쉬는 날이면 리얼리티쇼를 종일 정주행하며 스트레스를 풀었는데 그 덕에 듣기 실력이 좋아졌습니다. 온라인 영어 낭독 모임에도 꾸준히 참여하여 매일 15분씩 뉴스 기사나 원서를 소리내어 읽다 보니 어휘와 유창성에 도움이 되있습니다. 혼자 공부한 것이 쌓이고 나니 영어 대화를 해야 할 때 들던 막막한 느낌이 옅어졌습니다. 최근에는 다시 영어 학원에 등록했는데 신기하게도 전보다 훨씬 더 수업을 즐길 수 있었습니다.

내향형 학습자들에게 '학원에 다니느냐, 혼자 공부하느냐' 보다 더 중요한 것은 영어 공부의 자율성과 주도권을 스스로 가져가는가입니다. 내향형들은 누군가가 만든 커리큘럼에만 의지하여 영어 공부를 이어가기보다는 스스로 필요성을 느껴서 외부 커리큘럼을 활용할 때 공부의 과정을 더 즐깁니다. 주체적으로 균형을 유지하기를 원하기 때문입니다.

B 씨는 한 회화 수업에 등록했지만 첫째 날 바로 환불했습니다. 10명이 넘는 사람들이 지켜보는 가운데 영어로 말을 한다는 것이 지나치게 긴장되었기 때문입니다. 그리고는 동료 소개로 작은 어학원에 등록했습니다. 4~5명 정도의 소수의 수강생들이 있었지만 결석이 많은 날에는 원어민 강사와 1대1 수업을 하는 날도 있었습니다. 그러나 곧 B 씨는 학원에서 외국인과 대화를 좀 한다고 해서 영어가 저절로 늘지 않을 것 같다는 생각이 들었습니다. 그래서 혼자 문법책을 사서 풀기도 하고, 미드 대사를 받아쓰기도 했습니다. 또, 회사에서 이메일을 쓰면서 모르는 점은 학원 선생님에게 물어보기도 했습니다. 이렇게 혼자 공부한 것을 수업 시간에 직접 써먹자 시너지 효과가 났습니다. 2년 정도 공부를 하고 나니 전에는 외국인만 보면 느꼈던 두려움도 사라지고 무슨 말이든지 영어로 할 수 있다는 자신감이 생겼습니다.

영어 공부를 위해 학원 수업을 활용하는데도 나름의 내향형 식 전략이 필요합니다. 가령 경쟁적인 학습 분위기에 지칠 것 같다면, 혼자 미리 예습하는 시간을 가지고 마음의 준비를 하면 됩니다. 사람들과 어울려 공부하는 영어 모임에 대한 흥미를 잃었다면, 모임의 빈도수를 조절하거나 3개월, 혹은 6개월처럼 모임의 기간을 미리 정해두는 것도 도움이 됩니다. 스스로 속도와 균형을 맞추며 영어 공부 환경을 조성해 나갈 수 있다는 자신감이 생기면 내향형이 선택할 수 있는 공부의 도구도 늘어날 것입니다.

셀럽들에게 배우는 나다운 영어

말의 의도를 읽는 탁월한 능력

많은 사람이 영화 〈기생충〉의 봉준호 감독과 샤론 최 통역사가 해외 시상식 때 보여준 케미에 감탄했습니다. 생각을 언어로 표현하는 능력이 탁월한 두 사람이었죠. 그중에서도 유난히 인상 깊은 장면이 있었습니다. 2020년 골든 글로브 시상식에서 〈기생충〉이 외국어 영화상을 수상한 후 있었던 기자회견에서의 일입니다. 한 기자가 "미국의 영화 비평가들과 학식 있는 전문가들에게 좋은 평가를 받을 거라고 기대하지 못했을 것"이라며 봉준호 감독에게 소감을 묻습니다. 어쩌면 기자는 주류가 아니었던 한국 영화가 미국의 유명 시상식에서 인정받게 되어 '영광이다' '감사하다' 정도의 답변을 기대했는지도 모르겠습니다. 하지만 봉준호 감독은 흥미로운 답변을 내놓습니다.

> "그게 놀라우면서도 어떻게 보면 당연하다고 생각했습니다."

영화의 성공을 기대했던 것은 아니지만, 미국이야말로 빈부 격차가 심하고 "자본주의의 심장 같은 나라"이기 때문에 뜨거운 반응이 있을 수밖에 없는 곳이라고 덧붙여 설명합니다. 기자가 인정받은 기분이 어떤지 물었다면, 봉준호 감독은 자기 작품의 메시지가 세계적으로도 통한 이유에 대해 답한 셈입니다. 이때 '놀랍지만 당연하다'라는 봉준호 감독의 시원한 답변을 샤론 최가 통역한 솜씨 역시 빛났습니다.

I was very surprised but at the same time, it was very inevitable.

나는 매우 놀랐지만 동시에 그것은 매우 필연적이었다.

'당연하다'라는 말은 해석하기에 따라서 무례하게 들릴 수 있는 단어입니다. 만약 샤론 최가 그의 말을 액면 그대로만 해석해서 'It was a sure thing'(따논 당상이었다) 정도로 바꿨다면 봉준호 감독의 말은 과한 자신감이나 오만한 말로 들렸을 것입니다. 그러나 샤론 최는 봉준호 감독이 그 뒤에 이유를 덧붙여 설명하기도 전에 '당연하다'라는 말의 속뜻을 이해한 듯 이 말을 'inevitable'로 표현합니다. '당연한 성공'이 아닌 '필연적이고 불가피한 성공'으로 표현한 것입니다.

영어를 할 때는 단어의 뉘앙스와 말의 의도를 읽는 능력이 중요합니다. 예를 들어, 어느 브랜드의 물건이 참 '저렴하다'라고 표현할 때도 말 겉으로의 의미만 그대로 번역해서 'These products are cheap'이라고 하면 제품들이 '싸구려'라는 부정적인 뉘앙스의 말이 됩니다. 이럴 때는 'cheap'이라는 단어보다는 inexpensive(저렴한), affordable(감당할 수 있는) 같은 단어를 사용해야 '경제적이고 저렴하다'라는 말의 의도를 제대로 전달할 수 있습니다.

많은 통역 전문가들이 샤론 최의 능력 중에서도 가장 높이 사는 것이 바로 말의 의도를 읽는 능력입니다. 언어를 잘 구사한다는 것은 많은 어휘를 아는 것만으로 가능한 것은 아닙니다. 말의 속뜻의 읽고 의도를 표현하는 유연한 연습이 필요합니다.

기억하면 좋을 표현

그것은 피할 수 없는 일이었어.

It was inevitable.

It

Chapter 4

성 향 을
뛰 어 넘 는
단 단 한
영어 공부법

나에게 맞는 목표 세우기

자신만의 매력과 강점이 담긴 단단한 영어를 구사하기 위해서는 자기 성향에 대한 지식 말고도 필요한 것이 있습니다. 이미 익숙해진 잘못된 영어 습관과 영어 공부의 심리적 장애물들을 파악하고 극복하는 일입니다. 그렇지 않으면 나다운 영어를 하고 싶어 하면서도 정형화된 공부의 틀에 갇혀 벗어나지 못하는 경우가 많습니다.

20년 가까이 영어를 가르치면서 가장 많이 들었던 고민은 '인풋은 있는데 아웃풋이 나오지 않는다'는 것입니다. 분명 단어와 문장을 외우고, 문법을 공부했는데도 말이 제대로 나오지 않아 답답해하는 사례들입니다. 왜 이런 일이 일어날까요? 많은 사람이 '언어 감각이 떨어져서'라는 답을 내놓습니다. 보통 언어 감각이라고 하면 맥락에 맞춰 단어의 의미를 유추하고 활용하는 능력이나, 발음과 소리를 잘 파악하고 모방하는 능력을 이야기합니다. 그렇다면 유난히 영어 말하기를 어려워하는 한국 사람들의 경우 집단적으로 언어 감각이 떨어지는 것일까요? 그보다는 영어 공부에 대한 잘못된 태도나 습관을 버리지 못한 채 새로운 학습법을 시도하고 실패하기를 반복하면서 영어 공부의 덫에 빠진 경우입니다. 물론 아주 전문적이거나 높은 수준의 영어를 구사하기 위해서라면 언어 감각을 타고나지 못한 것이 문제가 될 수도 있지만요.

원하는 수준에 따라 달라지는 공부량

영어 공부에 대한 잘못된 태도나 습관 중 대표적인 것은 바로 영어 말하기에 대한 현실적이고 구체적인 목표를 세우지 않는다는 점입니다. 그저 '영어를 유창하게 하고 싶다'라는 막연한 기대만 가지고 있습니다. 그런데 유창함이라는 그 기준이 모호합니다. 상대와 대화만 통해도 영어를 잘한다고 말하기도 하고, 전문적인 수준의 영어를 해도 완벽하지 않으면 부족하다고 여기는 사람도 있습니다. 그렇다면 어느 정도로 영어를 해야 잘한다고 말할 수 있는 것일까요? 교육 수준이나 나이에 따라 다르지만 원어민들은 평균적으로 4만 개 이상의 단어를 사용합니다. 매일 학교에 가서 듣고 쓰고, 교과

서를 비롯한 많은 책을 읽고, 가족이나 친구들과 엄청난 양의 대화를 하며 수년에 걸쳐 차곡차곡 쌓아 올린 어휘력입니다. 비원어민인 우리가 '원어민에 준하는' 폭넓고 깊이 있는 소통을 하길 원한다면 1만 개 이상의 단어를 알아야 합니다. 이 역시 상당 기간 유학이나 전문 과정을 통해 집중적인 영어 교육을 받거나, 일상에서 계속 영어를 쓰고 말하며 공부할 수 있는 환경에 놓여 있어야 가질 수 있는 어휘력입니다. 하지만 일반적인 수준의 일상 회화를 하는 데는 2천에서 3천 개 정도의 어휘만 능숙하게 활용할 줄 알아도 충분합니다. 이처럼 원하는 수준에 따라 필요한 어휘 개수의 차이가 매우 큽니다. 그에 따라 투자해야 하는 시간의 양도 다르겠죠.

나에게 맞는 영어 조언 골라 듣기

흔히 인터넷이나 책을 통해 보게 되는 조언들 역시 내 수준과 목표에 맞게 가려서 들을 필요가 있습니다. 사실 우리가 주로 듣는 영어 공부에 대한 조언에도 부류가 존재합니다. 먼저 통·번역사분들이나 영어 전공자들은 영어 신문이나 연설문 등 수준 높은 자료 읽기를 추천하고, 탄탄한 어휘 실력을 강조하는 경우가 많습니다. 즉, 엉덩이의 힘이 중요한 방법들입니다. 모 예능 프로그램에서 통역사로서의 하루를 공개한 안현모 씨 역시 영어 공부에는 왕도가 없다고 조언합니다. 실제로 이미 훌륭한 영어 실력을 갖췄음에도 행사를 앞두고 정보들을 노트에 정리하고 잠을 줄여가며 끝없이 공부하는 모습이었습니다. 그러나 이렇게 영어를 직업 삼아 성공한 사람들은 언어적인 재능을 타고났거나 오랫동안 영어 전문가가 되기 위해 시간을 투자한 사람들입니다. 반면 언어에 특별한 재능이 없거나, 다른 분야에 종사하는 사람이 자기계발을 위해 영어 공부를 하는 경우라면 투자할 수 있는 시간적인 한계가 더 클 수밖에 없겠죠. 이 사실을 고려해야 현실적인 방법으로 공부를 이어나갈 수 있습니다.

반면에 교포나 오랫동안 해외 생활을 한 분들은 조금 다르게 조언할 때가 많습니다. 이분들은 자연스러운 대화나 현지에서의 경험을 통해 영어를 습득한 경우입니다. 그래서인지 책상 앞에 앉아서 끈기 있게 하는 영어 공부보다는 직접 부딪혀보고 사람들을 만나면서 영어를 배우라고 조언합니다. 영어로 대화할 수 있는 환경을 만들어가라는 것이죠. 억지로라도 이태원에 가서 외국인과 어울려 이야기를 나눈다거나 모임에 나가 친구를 사귀려고 노력하라는 식입니다. 하지만 학습자의 성향과 환경에 맞지 않다면 이 역시 어려운 방법으로 느껴질 것입니다.

유연하고 현실적인 목표 세우기

영어를 잘하는 사람들이 하는 조언이 각기 다른 이유는 각자가 공부한 환경과 방법이 다르기 때문입니다. 과거에는 영어를 직업으로 삼은 '영어 전문가들'과 해외에서 어린 시절을 보낸 '교포'의 두 부류가 우리가 볼 수 있는 영어 롤모델의 진부였습니다. 이런 롤모델을 좇다 보면 목표와 기대치가 자연스레 원어민이나 전문가 수준까지 올라갈 수밖에 없겠죠. 결국에는 영어를 잘하려면 영어권 나라에서 다시 태어나거나 어렸을 때 유학 가는 방법밖에 없다는 자조적인 말을 하는 사람들이 많았습니다.

그런데 지금은 상황이 달라졌습니다. 다양한 배경을 가진 롤모델들이 넘쳐납니다. 한국 문화가 세계적인 인기를 얻으면서 한국의 배우나 가수들이 해외 시상식에 등장하는 장면도 이제는 자주 봅니다. 그들이 미국 토크쇼 등 각종 해외 방송에 등장해 유연하고 자연스러운 영어를 구사하는 상황 역시 쉽게 접할 수 있습니다.

이렇게 온라인상에서 찾아볼 수 있는 다양한 롤모델들 중에 나와 비슷한 학습 환경이나 배경을 가졌거나, 관심사나 목표하는 바가 비슷해서 공감대가 생기는 사람들의 조언을 참고하면 구체적인 공부법을 찾는 데 도움이 될 수 있습니다.

영어가 주요 업무 역량인 일을 한다면 통·번역사처럼 오류가 없어야 하고, 높은 수준의 어휘력이 필요할 수 있습니다. 하지만 회사 생활을 하면서 내 업무에 무리가 없는 정도의 영어를 구사하거나 자유롭게 여행을 다닐 수 있는 정도의 실력을 원한다면 일상 회화 수준에서 내 관심 분야의 어휘 정도만 추가하면 충분합니다. 그동안 막연하게 '영어를 잘하고 싶다'라고만 생각해 왔다면, 자기계발을 위한 큰 그림을 그리는 것이 선행되어야 합니다. 그리고 현실적으로 영어에 얼마만큼 투자할 것인지 따져서 가성비 높은 영어 공부의 목표를 세워 봅시다.

완벽주의를 극복하는 방법

완벽주의자가 대화에서 놓치는 것

앞서 언급했듯 내향형이든 외향형이든 상관없이 누구나 영어의 서열을 나눔으로써 우월감이나 열등감을 느낄 수 있습니다. 또한 영어에 대한 지나치게 높은 기대치를 가지기도 합니다. 그러다 보면 남들이 보기에 '유창한 영어'를 하는 것에 과하게 집착하게 됩니다. 배우 출신의 교수 마리아나 파스칼은 1,300만이 넘는 조회수를 기록한 그녀의 테드 강연에서 유창한 영어의 함정에 관해 이야기합니다. 그녀가 말레이시아의 한 약국에서 오메가를 구매하려던 상황에 발견한 흥미로운 사실이었습니다.

그녀는 의사의 권고대로 오메가를 사려고 했지만, DHA와 EPA의 성분 함량이 서로 다른 오메가의 다양한 종류를 보고 당황해서 직원에게 영어로 도움을 요청합니다. 그러자 그 직원은 마치 시험이라도 치르는 사람처럼 긴장해서 빠른 속도로 자신이 아는 오메가에 대한 정보를 영어로 쏟아냅니다. 제대로 알아들을 수 없었던 그녀는 다른 직원에게 다시 도움을 구합니다. 그런데 상대적으로 쉬운 영어를 구사하던 이 직원은 그녀에게 이렇게 묻습니다.

EPA for heart, DHA for brain.	심장에는 EPA, 뇌에는 DHA에요.
Your heart, okay or not?	당신 심장은 괜찮아요, 안 괜찮아요?
Your brain, okay or not?	당신 뇌는 괜찮아요, 안 괜찮아요?

그 직원은 이렇게 단순하지만 핵심을 짚는 질문들로 그녀에게 필요한 오메가 제품을 골라줍니다. 많은 사람의 공감을 얻은 이 테드 강연의 주요 메시지는 영어를 잘해야 한다는 부담과 기대치를 낮추고 소통 자체에 집중하라는 것이었죠.

완벽주의를 극복하는 영어 훈련법

완벽주의의 특징 중 하나는 'All or Nothing'의 태도, 바로 극단성입니다. 제대로 완벽하게 하지 못할 거면 아예 안 하는 게 낫다고 여기는 것이죠. 그래서 할 줄 아는 말이라도 나보다 더 완벽하게 할 수 있는 사람이 있으면 차라리 못하는 척 입을 다물어 버립니다. 또는 한 문장, 한 문장을 실수 없이 제대로 만드는 데 에너지를 과하게 쏟느라 전체 대화의 흐름을 놓쳐버리기도 합니다. 그래서 영어 완벽주의가 생기면 문법이나 어휘 암기에만 지나치게 시간을 쓰게 됩니다. 정작 말을 주고받는 법이나 어휘를 활용하는 방법을 배울 기회는 놓치게 되고요.

이런 완벽주의적인 태도가 주는 어려움을 극복하기 위해서는 점진적으로 사람들 앞에서 나의 실력을 그대로 드러내는 연습을 해야 합니다. 그래야 내가 내뱉는 영어를 지나치게 의식하기 보다 주고받는 소통에 집중할 여유가 자연스레 생기게 됩니다.

첫 번째 방법은 '혼자서 1분 동안 최대한 쉽게 말하기'입니다. 자기소개나 '나의 취미' '우리 동네'처럼 친숙한 주제를 골라 내가 이미 아는 쉬운 단어들로 1분 동안 쉬지 않고 말해봅니다. 어려운 단어들만 계속 떠올리게 되거나 말문이 막히면 한 문장을 3~4문장으로 풀어서 설명하는 연습을 해봅니다. 이 연습은 쉬운 단어를 쓰되 능숙하게 말할 수 있는 능력을 키우는 데 목적이 있습니다. 영어 완벽주의가 있으면 자신의 실력과 상관없이 어렵고 복잡한 문장을 외우는 일에 지나치게 매달리게 됩니다. 하지만 쉬운 단어라도 능숙하게 뱉을 수 있을 때 소통에 대한 자신감이 쌓이게 되고, 점차 다른 사람들 앞에서도 말할 수 있는 여유가 생깁니다. 내가 아는 단어들을 총동원해 1분을 채우는 연습을 반복하다 보면 '모든 단어를 완벽하게 알아야 말을 할 수 있다'라는 잘못된 믿음으로부터 자유로워질 수 있습니다.

두 번째는 편하게 영어로 대화하는 경험을 할 수 있게 도와줄 스터디 메이트를 찾는 것입니다. 생각보다 영어 회화에 대한 긍정적인 경험이 없는 사람들이 많습니다. 사람들 앞에서 창피당한 기억이나, 영어 인증시험 준비 때문에 억지로 공부한 기억이 전부라면 영어에 대한 새로운 인상을 만들 수 있는 좋은 경험부터 많이 쌓아야 합니다. 결국, 좋은 영어 대화 상대를 찾는 것의 목표는 다른 사람에게 영어 실력을 증명하듯 완벽하게 대화하려는 태도를 극복하는 것입니다. 이미 친한 친구 중에 스터디 메이트를 구해도 좋고, 내 말을 잘 들어주는 과외 선생님을 찾아도 좋습니다. 만약 처음부터 누군가와 직접 대화를 하는 것이 부담이라면 영어 대화 앱을 내려받아 채팅 친구를 사귀거나, 각자 영어로 말하는 것을 녹음해서 인증하는 온라인 도전 모임부터 시작하는 것도 좋습니다.

마지막 방법은 3분 동안 영어로 말하기입니다. 나에게 익숙한 주제부터 선정해서 영어로 3분을 채워 말해봅니다. 필요하다면 미리 원고를 글로 써보거나 다른 사람이 한 내용을 참고해서 말해도 좋습니다. 영어에 대한 완벽주의적인 태도가 있으면 내가 하는 말이 정확한지 멈칫거리거나 단어가 생각나지 않는다고 말을 멈추는 경우가 많습니다. 그러므로 3분이라는 꽤 긴 시간을 활용하여 당황하지 않고 유연하게 말을 이어가는 연습이 필요합니다. 잠시 쉬었다가 생각나면 다시 이어가기도 하고, 살짝 내용을 바꿔서 넘어가는 뻔뻔함도 대화에서는 꼭 필요한 융통성입니다. 이 연습을 통해 다양한 주제에 관해 이야기하다 보면 실전에서도 말할 거리가 풍부해집니다. 더 나아가 나의 업무나 직업, 자주 가는 카페, 제일 좋아하는 음식 등을 소개하는 모습을 녹음 혹은 녹화해서 스스로 확인하고 수정하는 것도 좋습니다.

의도적 연습하기

말을 많이 해도 늘지 않는 이유

영어로 말할 기회는 없고 문법, 독해에만 집중했던 한국 영어 교육의 현실 때문인지, 사람들은 말을 많이 하면 영어가 늘게 되어있다는 맹목적인 믿음을 갖곤 합니다. 하지만 성인 학습자들 중에는 아무리 말을 많이 해도 실력이 정체된 경우가 많습니다. 심리학자 앤더스 에릭슨Anders Ericsson은 이를 '의도적 연습deliberate practice'이라는 개념을 통해 설명합니다. 골프채를 백만 번 휘두른다고 해서 잘못된 자세가 스스로 고쳐지지 않죠. 이처럼 구체적인 목표와 몰입 없이는 실력이 변화하지 않으므로 무언가를 마스터하고 싶다면, '의도적인 연습'이 필요하다는 것입니다. 무술가이자 배우인 브루스 리도 이런 말을 남겼습니다. '나는 만 개의 발차기를 한 번씩 연습한 사람은 두렵지 않다. 내가 두려워하는 것은 한 개의 발차기를 만 번 연습한 사람이다.' 진짜 실력은 연습량에 달려 있지 않고, 구체적인 목표와 자기 교정을 위한 노력에 달려있다는 의미죠.

양보다는 질

앤더스 에릭슨이 의도적인 연습을 위해 필요하다고 꼽은 것은 좋은 선생님도, 경쟁과 자극을 제공하는 동료도 아닙니다. 에릭슨은 방해 받지 않고 100% 몰입할 수 있는 '혼자만의 시간'이 핵심이라고 말합니다.

그 시간이 마련됐다면 이제 양질의 연습을 할 차례입니다. 에릭슨이 말하는 양질의 연습, 첫 번째 단계는 스스로가 영어하는 모습을 구체적으로 관찰하는 것입니다. 영어를 할 때 남에게 나의 영어가 어떻게 들릴지 신경 쓰느라 틀리는 부분을 얼버무리고 넘기려 하거나, 할 줄 아는 것도 주저하며 기회를 놓치는 사람들이 많습니다. 스스로 주의를 기울이지 않은 탓에 오랫동안 영어를 공부해도 내가 정말 할 줄 아는 것과 할 줄 모르는 것을 구분하지 못하고, 보완하면 실력이 향상될 수 있는 점에 대해서도 모르는 경우가 많죠. 자신에 대해 아는 것이 없을수록 '영어가 술술 나왔으면 좋겠다'처럼 두루뭉술

한 소원을 빌듯 목표를 세우게 됩니다.

반면에 자기 관찰을 하다 보면 객관적인 이해가 생깁니다. 예를 들어, 평소 말할 때 너무 장황한 문장을 만들려다가 말문이 막히는 것이 문제라거나, 어휘력이 부족하여 쉬운 표현만 쓰는 것이 한계라는 것을 발견하는 겁니다.

두 번째 단계는 도전적이면서도 측정 가능한 목표를 설정하는 것입니다. 의도적 연습의 관건은 빨리 실력을 키우는 것이 아니라 어제 불가능했던 것을 오늘 좀더 가능하게 만드는 것에 있습니다. 가령 소리 내어 읽기 연습을 하면서, "잘 읽어야지" 같은 목표를 정한다면 측정하고 개선하기가 어렵습니다. 평소 발음에 대한 자신감이 없다고 느낀 사람이라면 "지문의 모든 단어를 주저 없이 바로바로 읽을 수 있을 때까지 매일 10분 동안 소리 내어 읽자"라는 목표를 세우는 게 좋습니다. 또, 어휘력이 부족한 것이 문제라고 느낀다면 미드의 자막을 보고 스스로 영어로 작문해 보고, 실제 쓰인 표현과 비교하며 1주일에 2번, 몰랐던 표현을 정리하겠다는 목표를 세울 수 있습니다. 나에게 어려울 수 있는 과제를 수행할 수 있도록 작게 쪼개고, 횟수나 시간을 정해 측정 가능한 목표로 만드는 것이 중요합니다.

세 번째 단계는 가장 중요한 수행과 피드백입니다. 매일

10분씩 소리 내어 읽어도 발음에 대한 자신감이 쉽게 생기지 않는다면 녹음을 해서 더 구체적으로 살펴볼 수 있습니다. 실제로 'R' 발음만 나오면 단어를 읽기 전에 멈칫한다거나, 긴 문장이 등장하면 초조해져서 빨리 읽으려다가 의미 전달이 잘 안 되는 경우가 있습니다. 내가 읽는 방식을 구체적으로 들어보면서 어려움을 겪는 이유를 파악하고 그것에 맞게 다시 목표 설정하기를 반복해야 합니다. 이렇게 정확한 목표를 세우고 의도적 연습을 하다 보면 마치 돋보기로 작은 점에 불을 붙이듯이 실력에도 눈에 띄는 변화가 일어날 것입니다.

내적 성취를 만끽하라

영어 공부가 즐겁지 않은 이유

영어를 1년 이상 공부한 학습자들이 자주 묻는 질문이 있습니다. "제 영어가 정말 늘고 있는 게 맞을까요?" 처음에는 영어 공부에 의욕이 넘쳤던 학습자들도 생각한 만큼 영어가 늘지 않고, 영어 공부에 끝이 없다는 것을 실감하고 나면 즐거움을 잃기도 합니다. 왜 이렇게 영어 공부를 즐기기가 어려울까요?

소아정신과 지나영 교수는 성적과 성취를 바탕으로 사람의 우열을 가르는 문화가 한국인이 행복하지 못한 이유라고 지적했는데요. 이는 한국의 영어 교육에도 적용되는 말입니다. 우리 사회는 성취 지향적인 특징 때문에 전례 없는 고도성장을 이루면서 점수와 순위를 통해 자신의 가치를 평가하는 문화에 익숙합니다. 지나영 교수는 그래서 우리나라 사람들이 내적 동기가 부족한 채로 외적 동기로만 일하고 공부하는 경향이 있다고 설명합니다. 외적 동기란 성과나 인정, 물질적 보상 등 외부의 것을 목적으로 움직이는 것을 말합니다.

여기서 문제는 명문대 진학이나 취업, 승진이나 사회적 인정 등의 외적 동기와 그 보상은 단기적으로만 효과가 있다는 것입니다. 명문대에 입학했다는 기쁨도 잠시이고, 취업의 행복도 오래가지 않습니다. 외적 동기와 보상의 가치가 금세 사라지고 나면 인생이 덧없게 느껴지니 행복하기도 어려워집니다.

영어 공부를 시작할 때도 많은 사람이 취업이나 입시, 이직의 기회나 주변의 인정과 같은 외적 동기를 우선시합니다. 그러나 외적인 보상과 동기는 계속해서 성과를 추구하고 타인과 비교하게 하죠. 그래서 뚜렷한 결과물 없이 공부의 기간이 길어지면 무기력해지거나, 아무리 노력해도 나보다 더 잘하는 사람이 있다는 사실에 열등감을 느끼기도 합니다. 그럴 때 영어 공부는 행복하지 않은 스펙 쌓기로 전락해 버립니다. 즉 장기전으로 이어져야 하는 언어 공부에서는 반드시 내적 성취감을 동기로 삼아야 합니다.

내적 동기를 키워나가는 3가지 공부법

미래 과학자이자 『드라이브』의 저자인 다니엘 핑크 역시 외적 동기는 우리의 시야를 좁게 만들며 창의성을 저해한다고 말합니다. 또한 그는 내적 동기를 3가지로 분류하고 이에 대한 구체적 이해를 통해 내적 동기를 키워나가는 방법까지 제시합니다.

첫 번째 동기는 자율성을 느끼는 공부 방식입니다. 내적 동기는 자기 삶을 주도하고 싶은 자율성autonomy의 욕구에서 옵니다. 내가 원하는 때에 행동하고, 내가 원하는 방식으로 일하며 살아가고 싶다는 욕구가 우리를 스스로 움직이게 합니다. 영어 공부 역시 해야 된다는 부담감에 억지로 하거나 타인에 의해 정해진 커리큘럼대로만 공부하는 것이 아니라 자발적인 학습의 형태를 취할수록 의욕도 커집니다. 가끔 전공 공부는 재미없는데 영어 공부는 자발적으로 하는 거라 재밌다는 대학생들을 만나게 됩니다. 그들을 보면 영어 공부가 억지 스펙 쌓기가 아닌 자율성을 누리는 과정이 될 때 잘하게 될 가능성이 커진다는 것을 확인할 수 있습니다.

두 번째는 전문성mastery을 키우는 것에 대한 욕구가 동기부여가 되는 경우입니다. 영어를 잘하는 사람들은 모두 영어 공부에 대한 회의적인 생각을 극복한 사람들이기도 합니다. 힘든 만큼 실력이 는다는 믿음, 점점 주어진 과제에 능숙해지면서 느끼는 만족감, 나의 능력을 집중할 때 느껴지는 몰입감, 유능감 자체가 영어 공부를 지속할 수 있는 동기부여가 되는 것이죠.

마지막으로 목적purpose이 있는 의미 있는 삶에 대한 욕구도 내적인 동기가 됩니다. 지금보다 더 큰 목적에 기여하며 살아가고 싶다는 욕구는 인간의 본성에서 나옵니다. 타인에게 도움이 되고 사회에 의미 있는 일을 하고 있다는 것에서 존재감을 느끼기 때문입니다. 영어 역시 내가 실력을 쌓게 되면 이룰 수 있는 의미 있는 일이 무엇인지 발견할 때 공부 과정이 더 가치 있게 다가옵니다. 해외 인터뷰에서 능숙한 영어 실력을 보여준 가수 김종국 씨, 그가 방송에서 밝힌 영어 공부의 목적은 몸이 아프셨던 어머니를 직접 모시고 해외여행을 가기 위해서였습니다. 여행이나 유학, 자녀교육이나 봉사활동처럼 영어 공부를 통해 앞으로 더 가치 있는 일을 하고 싶다는 생각을 통해 영어 공부의 과정까지도 의미 있게 만들어 보세요.

셀럽들에게 배우는 나다운 영어

목표를 향해 직진하는 영어

대한민국 골프의 전설 박세리 씨의 영어 인터뷰를 접한 많은 분이 그녀의 유창한 영어 실력에 감탄합니다. 하지만 그녀가 처음부터 영어를 잘했던 것은 아니었습니다. 1998년도 맨발 투혼을 보이며 US 여자오픈에서 우승을 차지했을 때, 미국의 한 뉴스 진행자는 당시 열아홉 살 박세리 선수에 대해 "그녀에게 부족한 것은 영어밖에 없다. 하지만 그녀의 태도는 사랑스럽다. 늘 '최선을 다한다do my best'라는 말을 반복한다"라고 말했습니다. 당시 앵커가 보기에 어린 선수가 영어는 부족하지만 열심을 강조하는 모습이 인상적이었나 봅니다.

박세리 씨는 골프 실력도 대단하지만 더 놀라운 것은 무엇이든 마음먹으면 빠르게 이뤄내는 그녀의 속도입니다. 1998년 처음 LPGA 투어를 시작하며 박세리 선수는 마음속에 세계 골프 명예의 전당에 입성하겠다는 목표를 품습니다. 그리고 투어 참가 첫해부터 US 여자오픈에서 우승을 차지하고, 최연소로 메이저 리그 4승을 달성합니다. 그녀의 목표였던 세계 골프 명예의 전당에도 역시 2007년에 최연소로 입성합니다. 이런 박세리 씨의 추진력과 거침없는 성향은 영어 하는 스타일에서도 그대로 드러납니다.

Each week, hopefully, (the score will) get better. Yesterday (was the) same thing. After the round, I went to (the) range and hit a couple of shot(s) and make sure the way, do the same thing every single swing.

바라건대, 매주 점수가 더 좋아지면 좋겠고요. 어제도 똑같았습니다. 라운딩 마치고 연습장에 갔습니다. 몇 번 쳐보면서, 샷마다 똑같이 하기 위한 거죠.

관용구나 패턴화된 표현을 활용해 효율적으로 말하며 그 속도가 매우 빠릅니다. 반면에 관사나 주어 등을 자주 빼먹기도 합니다. 그러니까 소소하고 덜 중요한 것들까지 꼼꼼하게 다 챙기기보다는 빠르게 대화를 주고받는 스타일입니다. 다만, 박세리 씨는 막상 목표하던 바를 이루고 나니 슬럼프를 겪었다며 너무 앞만 보고 달리기보다는 충분히 즐기고 쉬는 법도 배워야 한다고 조언합니다. 그녀의 말대로 목표를 향한 열심과 스스로를 돌보는 마음이 영어 공부에서도 균형을 잘 이뤄야겠습니다.

기억하면 좋을 표현

바라건대, 점수가 더 좋아지길.

Hopefully, the score will get better.

Hopefully, ______________________

영어 롤모델 찾기

영어 롤모델이 필요한 이유

앞서 코너에서도 소개했지만 해외 활동을 할 때마다 탁월한 영어 소통 능력과 자신감 있는 태도를 보여주는 가수 RM 씨는 다른 해외 가수들의 인터뷰 영상을 보며 공부했다고 합니다. 아마도 본인에게 영감을 주는 아티스트가 소통하는 방식을 통해 영어 공부에 대한 긍정적인 자극을 얻을 수 있기 때문일 겁니다. 또, 어떤 학습자들은 자신의 롤모델이 한 말들을 나의 이야기처럼 재구성하거나 응용해서 말해봄으로써 영어 표현을 배우기도 합니다.

주부인 A 씨는 틈틈이 유튜브를 이용해 공부하고 있습니다. 주변에서 쉐도잉을 추천해서 시도해 봤지만 다른 사람의 말을 앵무새처럼 반복하는

것이 그녀에게는 흥미롭지 않았습니다. 대신 그녀는 자신이 평소 좋아하는 해외 연예인의 브이로그 영상들을 보고 영상에 등장한 표현을 이용해 자기 이야기처럼 반복해서 말하며 공부했습니다. 운동이나 살림처럼 관심이 가는 주제에 대해 브이로그의 주인공이 된 듯 직접 말해보고, 실제 자신의 목소리를 녹음해 보기도 했죠. A 씨는 자기가 좋아하는 사람처럼 영어를 구사할 수 있다는 상상을 할 때 영어 공부에 대한 의욕을 느꼈습니다.

영어 롤모델이 하는 영어 대화나 스피치는 그 자체로 영어 공부를 위한 콘텐츠가 됩니다. 또, 영어 롤모델은 불안감을 이기고 공부를 포기하지 않고 지속하는 데 도움이 됩니다. 노력해도 빨리 성과가 나오지 않는 일에는 누구나 초조해지기 마련입니다. 하지만 현재 내가 우러러 보는 롤모델조차 누구나 겪는 시행착오를 통해 성장했다는 사실을 깨닫게 되면 앞으로 나아갈 힘을 얻습니다. 또한 그 사람의 현재 모습을 보며 내가 꾸준한 노력을 통해 어떤 모습이 될 수 있을지 장기적인 시선으로 디테일한 결과물을 그려볼 수 있게 해줍니다.

자신의 매력을 담은 영어

몇 년 전 반기문 전 UN사무총장과 알리바바의 창업자 마윈이 영어로 대담을 나누는 모습이 담긴 영상을 보면서 재미있는 사실을 발견했습니다. 마윈은 복잡한 내용도 이해하기 쉬운 단어들을 사용해 표현합니다. 가령, '사람들의 일상에서 인터넷은 빠질 수 없는 중요한 것입니다'라는 의미를 전달할 때 이렇게 말합니다.

People breathe, read, eat and sleep with the Internet.

사람들은 인터넷과 함께 숨쉬고, 읽고, 먹고 잡니다.

누구나 다 아는 기본 동사들을 나열해서 인터넷이 우리의 일상생활에서 얼마나 중요한지를 강조한 겁니다. 그는 한 시간이 넘는 대화 내내 어려운 단어들은 거의 사용하지 않았습니다. 또 하나 특징이 있다면 제스처를 적극적으로 사용한다는 것입니다. 빠른 변화에 관해 이야기할 때는 손을 빨리 저어서 의미를 명확하게 하고, 무언가를 하지 않아야 한다고 할 때는 단호하게 고개를 저어 보입니다. 어휘를 섬세하고 다양하게 쓰지 않고 쉬운 단어를 사용하되 이미지를 그리듯이 설명하기 때문에 귀에 쏙쏙 꽂힙니다.

반면에 반기문 전 총장은 영어 문장에 적절한 형용사 혹은 구나 절을 덧붙이며 부연 설명을 함으로써 의미를 풍부하게 합니다. 그는 마원이 언급한 자선활동의 정신에 대해 이렇게 말합니다.

I think this is an important characteristic which is a fast evolving social movement dedicating to maximizing impact to help others who would otherwise be left behind.

이것이 (자선활동 정신의) 중요한 특징이라고 생각합니다. 빠르게 퍼지는 사회적 운동입니다. 이는 소외될 수 있는 사람들을 돕는 영향력을 극대화해줍니다.

대화 중에 준비 없이 나오는 말들인데도 마치 글을 써 내려가듯이 고급 표현들이 줄줄 나옵니다. 그런데 반 전 총장의 이런 화법과 말투에서는 지성뿐 아니라 예의가 느껴집니다. 그의 영어는 다채롭고 정확한 단어를 쓰는 지적인 소통의 방식일 뿐만 아니라 상대방을 정성으로 대하는 관계 노하우입니다. 외교관 출신으로서 노련한 소통의 기술이 영어 화법에도 그대로 담겨 있는 셈입니다.

이처럼 영어를 잘하는 사람들이 가진 매력은 각기 다릅니다. 어떤 사람은 힙하고 트렌디한 언어를 사용해서 멋있지만, 어떤 사람은 조곤조곤 따뜻한 말솜씨를 가져서 매력적입니다. 그 사람이 쓰는 언어는 그 사람을 담는 그릇이기 때문입니다. 그래서 영어 실력을 서열화해서 완벽한 영어 실력을 갖춘 사람을 롤모델로 삼기보다는 나에게 영감을 줄 수 있는 롤모델을 찾아야 합니다. 누군가는 영어를 통해 외교관으로서의 품격이나 지성을 드러내며, 누군가는 리더로서의 카리스마와 명쾌함을 전달하니까요. 정말 좋은 롤모델은 영어를 나 자신을 위한 도구로 쓸 수 있도록 영감을 줄 것입니다.

일상 회화의 시작은 쉽게 말하기

실력은 단계별로 쌓이는 것이 기본 원리입니다. 쉬운 말을 할 줄 알아야 어려운 말도 하게 됩니다. 하지만 앞서 여러 번 이야기했듯 새로운 단어를 배우는 데 지나치게 집착하느라 이미 아는 단어를 활용하여 대화를 이어가는 방법은 잘 모르는 경우가 많습니다. 기초 단계일수록 정확하게 말하는 것보다 흐름을 끊지 않고 대화를 이어가는 유창성을 키우는 것이 더 먼저인데 말입니다.

기초 단계에서 오랫동안 벗어나지 못하고 고생하는 학습자들일수록 "단어를 모르는데 어떻게 대화를 하나요?"라고 묻습니다. 아무리 외워도 막상 말할 때는 생각나지 않는다고도 말합니다.

반면에 기초 단계를 빠르게 벗어나는 분들에게서 발견되는 공통점은 바로 쉬운 문장을 잘 만든다는 것입니다. 쉽게 풀어서 말하는 요령이 있다 보니 대화가 가능한 수준에 빨리 도달하고 다양한 문장 구조를 연습할 수 있는 기회도 많아집니다.

쉽게 말하는 방법

내가 모르는 단어를 생각해내려 애쓰는 대신 이미 아는 단어를 활용하는 요령이 생기면 쉽게 말하는 것이 가능해집니다. 예를 들어, '어제 뭐 했나요?'라는 질문에 '어제 화로구이를 먹었다'라고 영어로 답하고자 한다고 상상해 봅시다. 이때, 꼭 '화로' '구이'를 표현하는 정확한 영어 단어를 생각해내야 하는 것이 아닙니다. 대신 내가 아는 단어를 최대한 활용해서 비슷하게 표현하면 됩니다.

I had Korean style BBQ.

한국 스타일의 바베큐를 먹었어요.

'화로구이'라는 표현을 붙들고 있으면 막막해지지만 내가 아는 단어 중에 '한국식 바베큐'라고 비슷하게 돌려 말하면 대화가 막히지 않고 흘러가게 됩니다.

또, '두통약을 자꾸 먹으면 내성이 생긴다'라는 말처럼 어려운 단어가 있을 때도 마찬가지입니다. 만약 '내성이 영어로 뭐지?' 하고 계속 단어에만 신경 쓰다 보면 기초에 맞는 문장 실력은 늘지 않습니다. 그러다 보면 결국 써먹는 실력이 늘지 않아 단어를 외우고도 까먹게 됩니다. '내성'이 영어로 뭔지 고민하는 대신 '내성'의 의미가 무엇인지 풀어서 생각해 봐야 합니다.

If you take things like Tylenol again and again, it doesn't work later.

타이레놀 같은 것들은 먹고 또 먹으면 나중에는 효과가 없어요.

'두통약'이라는 단어를 모르면 타이레놀 같은 약 이름으로 대체해서 말하고, '내성'이라는 단어를 모르면 '나중에는 효과가 없다'로 풀어서 비슷하게 설명할 수 있습니다. 기초 단계에서는 필수 표현인 'take(약을 복용하다)' 'work(효과가 통하다)'같은 동사의 뜻을 제대로 이해하고 활용할 수 있는가가 훨씬 중요한 것입니다. '내성tolerance'이나 '두통약painkiller'이라는 단어는 당장 배워도 써먹는 상황이 매우 한정적입니다.

유창성을 높이는 실전 영어

다음 우리말 문장을 영어로 바꿔 말해 보면서 단어 대신 전체 내용을 전달하는 데 집중해 보세요. 또한 기초, 중급, 고급 문장 중에 나라면 어느 정도 레벨의 문장을 막힘없이 말할 수 있는지 가늠해 보세요.

◆ 그는 이러지도 저러지도 못하는 상황이었다

'이러지도 저러지도'를 그대로 번역하려 들면 어려운 문장처럼 느껴질 수도 있습니다. 하지만 '이러지도 저러지도 못하다'의 속뜻은 어떤 것을 선택하기가 어렵고 난처하다는 뜻입니다. 문장을 그대로 번역하기보다는 속뜻만 전달할 수 있으면 됩니다.

기초	It was a difficult situation for him. He could not choose anything. 그에게는 어려운 상황이었다. 그는 어떤 것도 선택할 수 없었다.
중급	He was in a tricky situation. 그는 난처한 상황에 있었다.
고급	He was stuck between a rock and hard place. 그는 진퇴양난에 빠졌다.

◆ 나는 그 사람 성대모사를 할 줄 알아요

'성대모사'의 의미를 풀어서 생각해 봅시다. 보통 어떤 사람의 목소리를 흉내 내어 말하거나 노래하는 경우를 말합니다. 누군가처럼 노래하거나 말할 수 있다고 풀어서 말해 보세요.

기초	I can sing like him. 나는 그 사람처럼 노래할 수 있어요.
	I can do his voice. 나는 그 사람 목소리 낼 수 있어요.
중급	I can mimic his voice. 나는 그 사람 목소리를 흉내 낼 수 있어요.
고급	I can impersonate his voice. 나는 그의 성대모사를 할 수 있어요.

◆ 이 일은 그녀의 공이 제일 크다

'공'이라는 단어에 매달리면 어렵게 느껴질 수 있습니다. 성과나 결과가 좋을 때 누군가에게 '너의 공이 크다'라고 말한다면 '그 사람이 열심히 일했고, 그래서 결과가 좋다'라는 의미겠죠. 이대로 풀어서 말해 봅시다.

기초	We have good outcome because she worked hard. 우리의 성과가 좋은 것은 그녀가 열심히 했기 때문이다.
중급	It was thanks to her hard work. 그것은 그녀의 수고 덕분이다.
고급	She made a significant contribution to this. 그녀는 이 일에 큰 공헌을 했다.

◆ **그녀는 요즘 초과 근무를 많이 해서 지쳐 있다**

'초과 근무'라는 단어를 안다고 해도 '초과 근무하다'라는 전체 표현을 알지 못하면 입 밖으로 잘 나오지 않습니다. 이럴 땐 '요즘 일을 많이 한다' 혹은 '늦게까지 일한다'로 돌려 말하면 됩니다.

기초	She is working late these days. So, she is tired. 그녀는 최근에 늦게까지 일하고 있다. 그래서 피곤하다.
중급	She's been working overtime these days. She is a little burned out. 요즘 그녀는 초과 근무를 하고 있다. 그래서 좀 번아웃되었다.
고급	Working extra hours lately left her feeling fatigued and exhausted. 요즘 초과 근무를 했더니 그녀는 피로감을 느끼고 지쳐버렸다.

◆ 옆에 사람이 책을 가져오지 않아서 같이 보았다

우리 말로 짧은 내용이어도 쉽게 말하기 위해서는 2~3문장으로 늘어날 수 있습니다. 내용을 끊어서 '옆에 사람이 있었다. 그런데 그 사람이 책이 없었다. 그래서 내 것을 같이 썼다'처럼 길게 말해도 괜찮습니다.

기초	There was a guy next to me. He didn't have a book. So, we used my book together. 내 옆에 어떤 사람이 있었다. 그는 책이 없었다. 그래서 우리는 내 책을 함께 사용했다.
중급	I shared my book with the person sitting next to me because he didn't have one. 나는 옆에 앉은 사람이 책을 가져오지 않아서 내 책을 같이 봤다.

◆ 옷을 껴입어라

'껴입다'라는 단어를 떠올리려고 하면 어렵게 느껴집니다. 그보다는 옷을 여러 벌 겹쳐 입은 모습을 떠올려 봅시다. '여러 벌의 옷을 입어라' '여러 겹으로 입어라'라고 말하면 쉬운 단어들로도 표현할 수 있습니다.

기초	Wear more clothes. 옷을 더 입어라.
중급	Wear more layers. 더 겹쳐서 입어라.
	You'd better bundle up. 더 따뜻하게 껴입어라.

◆ **그는 억울하게 감옥살이를 했다**

'억울하다'는 말을 그대로 번역하는 대신 비슷하게 어떻게 표현할 수 있을까요? 그는 잘못한 것이 없다거나 끔찍한 일이다라는 식의 말로 대체할 수 있습니다. '감옥살이'라는 말은 풀어서 말하면 '감옥에 있다' 정도가 될 수 있겠죠. prison(감옥)이라는 단어가 들어가면 됩니다.

기초	He didn't do anything. But he is in prison. It's terrible. 그는 아무 짓도 안 했다. 하지만 감옥에 갔다. 그것은 끔찍한 일이다.
고급	He was wrongfully imprisoned. 그는 부당하게 수감되었다.

◆ **그는 현실 감각이 떨어진다**

'현실 감각'이라는 단어 대신 '현실 감각이 떨어진다'라는 것의 의미를 생각해보세요. 어떤 의미인가요? 현실을 이해하지 못한다거나 자기 꿈속에서 살고 있다고 돌려 말할 수 있겠죠.

기초	He is just dreaming. 그는 그저 꿈을 꾸는 것이다.
중급	He lives in his imagination. 그는 자기 상상 속에서 산다.
	He lives in his own world. 그는 자신만의 세계에 살고 있다.

◆ **그 노래는 굉장히 중독성이 있다**

'중독성이 있는' 음악은 자꾸 생각이 나거나 들을 때 기분이 좋아지는 음악입니다. '중독성'이라는 단어가 생각이 안 난다면 이런 특징을 영어로 풀어서 설명하면 됩니다.

기초	The song is in my head all day. 그 노래는 온종일 내 머릿속에서 떠나질 않는다.
	I keep thinking about the song. 나는 계속 그 노래를 생각하게 된다.

중급	The song is so addictive. 그 노래는 정말 중독성이 있다.
	The song is so catchy. 그 노래는 정말 귀에 쏙 들어온다.

◆ **나는 탄산음료를 마시면 속이 불편해**

탄산음료는 'soda'라는 단어로 쉽게 표현할 수 있지만, 이 역시 생각이 나지 않으면 콜라나 사이다 같은 음료라고 돌려서 말하면 됩니다. '속이 불편하다' 역시 정확한 표현을 모를 땐 '좋다' '나쁘다'처럼 쉬운 단어들로 비슷하게 표현할 수 있습니다.

기초	If I drink soda, my stomach doesn't feel good. 나는 탄산음료를 마시면 속이 좋지 않다.
중급	I feel bloated after drinking soda. 나는 탄산음료를 마시고 나면 속이 더부룩해진다.

인피니트 마인드

회화 공부를 하면서 자신의 성향에 맞는 공부법을 찾기 위해서는 영어 공부를 하는 마음가짐부터 바꿔야 합니다. 회화 수업 첫날부터 펜을 손에 쥔 채 입시생과 같은 의지로 제 입을 바라보고 있는 분들이 있습니다. 눈빛에서 '얼른 뱉어라, 받아 적을 테니' 식의 열정이 느껴집니다. 이건 바로 학창 시절을 거쳐 아주 오랫동안 우리 몸에 익은 '열공 모드'입니다. 반대로 어떤 분들은 혹시라도 영어를 해보라고 시킬까 봐 시선을 피하거나 고개를 숙이고 있습니다. 이 역시 시험과 암기 중심의 영어 공교육 때문에 생긴 반응입니다. 안타깝게도 이렇게 몸에 익어버린 학습 태도가 영어 회화 공부를 가로막는 배경이 됩니다. 그래서 영어 공부를 시작할 때 가장 선행되어야 하는 것이 바로 '모드 전환'입니다.

모드 전환에 실패할 경우 3개월 안에 영어 공부를 포기해 버리기 쉽습니다.

시험공부와 회화 공부의 차이

토익 공부와 비교해 보면 영어 회화 공부를 할 때 어떤 태도 차이가 필요한지 더 잘 보입니다. 토익 시험 대비반 수업의 가장 큰 특징은 기한이 있다는 것입니다. 그 누구도 토익반을 1~2년 다닐 목표로 등록하지 않습니다. 짧으면 1개월, 길면 6개월 안에 승부를 보고자 합니다. 마치 데드라인을 향해 달려가는 마음으로 목표를 두고 공부하는 것이죠. 인증시험 공부는 성공과 실패의 기준도 명확하기 때문에 시간을 투자한 만큼 성취감도 돌아옵니다. 하지만 시험이 끝나면 어떻게 될까요? 이들은 뜨거운 열애 끝에 결별이라도 한 사람들처럼 점수를 따고 나면 다시는 서로 쳐다도 보지 않는 사이가 됩니다.

그런데 회화는 다릅니다. 토익과 달리 1~2개월 단기 시간 투자를 해서는 달라지는 것이 없습니다. 공부할 기간을 정확하게 정해놓을 수도 없고, 적어도 1년 이상 해야 실력이 느는 것이 보이기 시작합니다. 그것도 하루 세 시간 이상 공부를 할 때나 1년이 걸린다는 것이지, 하루 공부량이 적다면 그 이상의 시간이 필요할 수도 있습니다. 그러다 보니 몇 개월 회화 공부를 하다가 다시 스피킹 인증시험이라도 보고 싶다고 말하는 학습자들이 많습니다. 시험을 목적으로 하지 않는 공부 자체가 익숙지 않고 오히려 답답하게 느껴지기 때문입니다.

영어 공부에 필요한 인피니트 마인드

동기부여 전문가인 사이먼 시넥은 잘못된 방식의 동기부여를 하는 사회적 문제를 꼬집으며 1980년대 등장한 무한infinite 마인드와 유한finite 마인드의 개념을 설명합니다. 유한 마인드는 일의 성공과 실패를 수치화된 실적으로 정의하며 분기별 목표를 정해 성과를 달성하려고 노력하는 태도입니다. 이런 태도는 장기적으로 사기를 저하하며 창의성을 없앱니다. 반면에 무한 마인드를 가진 사람들은 타인과의 경쟁이나 실적에 매달리기보다는 자기 스스로와 경쟁합니다. 어떻게 하면 작년의 나보다 더 능률적으로 될 수 있을지, 더 좋은 습관을 만들고, 더 자신감을 키울지 방법을 찾고 실행하는 것에 집착합니다. 영어 회화야말로 무한 마인드가 필요한 영역입니다. 아무리 해도 원어민만큼 잘한다고 확신하기 어렵고 단기간의 노력으로 성과 내기 어려우니까요.

	시험공부 모드 (유한 마인드)	회화 공부 모드 (무한 마인드)
목적	실력 증명, 경쟁	소통 가능
성취감	목표 점수 달성	'편해졌다' 혹은 '즐겁다'라는 기분
기간	주로 단기 성취를 목표로 함	1년 이상의 장기적인 노력이 필요
태도	정복	일상 루틴, 친해지기, 즐기기

만약 영어 인증시험 성적은 높은데 회화는 도통 늘지 않는 분이라면 나의 공부 모드를 점검해 보아야 합니다. 빠르게 많은 양의 지식을 암기하고 성취감을 느끼는 것을 공부라고 정의하고 있다면, 영어 회화에 대해서는 좀더 장기적인 관점에서 공부의 재미를 찾아야 합니다. 사이먼 시넥의 말처럼 결승선이 없는 일에서 승리를 하려는 태도를 버릴 때 영어와 친해지는 법을 배우게 됩니다.

모드 전환에 성공한 사람들이 보여주는 변화

"요즘에 유튜브로 해외 영상들을 보는데 못 알아듣는 부분이 있어도 재미가 있어요." "외국에서 바이어가 왔는데 마음이 편해져서 저도 모르게 조금씩 영어로 대답을 하고 있더라고요." 이런 식의 보고를 하시는 수강생분들이 종종 있습니다. 모드 전환이 제대로 이루어지고 영어 회화 공부만의 즐거움을 알기 시작할 때 나오는 말들입니다. 전에는 알아들으려고 긴장하며 억지로 듣던 영어가 조금씩 편해지기 시작한 것이죠. 현상이죠. 짧은 지문도 영어라면 무조건 번역기를 돌리려고 했지만 이제는 차분히 읽어 볼 여유가 생겼다고도 말합니다.

어휘를 배우는 태도에도 변화가 생깁니다. 영어 시험공부를 할 때는 암기하는 어휘의 개수가 중요하지만 영어를 잘 구사하기 위해서는 활용도를 높이는 연습이 훨씬 더 중요한데요. 구글 사이트에 들어가서 단어를 검색했을 때 나오는 이미지들을 살펴보며 뉘앙스를 파악해 보기도 하고, 영영사전에서 뜻과 예문을 찾아 노트에 정리해보기도 합니다. 잘못 발음했던 단어들은 소리 내어 연습합니다. 무조건 외우기에 급급했던 태도가 사라지고 단어를 배우면서, 더 많은 영어 콘텐츠를 접하면서 써먹을 궁리를 하게 되는 것입니다.

영어가 편해져야 늘어나는 인풋의 양

영어 공부에 대해 너무나 당연해서 많은 사람이 놓치는 것이 바로 실력의 향상은 영어 인풋의 양과 직결되어 있다는 것입니다. 하루 10분보다는 세 시간 노출되는 것이 나을 수밖에 없으니 인풋을 늘리는 것이 성공적인 영어 공부의 핵심이라고 볼 수 있습니다. 문제는 하루 10분 영어를 듣는 것도 고통스럽게 느끼는 사람들이 많다는 것이죠. 시험공부를 하는 모드로 회화를 배우는 사람들일수록 마치 날라 오는 화살을 받으려는 듯이 날이 선 채로 영어를 듣습니다. 대화 중인데도 마치 듣기 평가하는 사람처럼 얼어붙어 정작 대화 흐름은 놓치게 됩니다. 원서를 읽을 때는 독해 지문 읽듯이 한 문장씩 해석하느라 지치고, 읽어도 무슨 내용인지 이해가 안 됩니다. 문장만 보느라 내용은 음미할 수 없으니 당연히 글을 읽는 재미도 없습니다. 한두 달 바짝 해야 하는 공부라면 모르겠지만 이런 모드로 1년 이상 버티는 것은 매우 어렵습니다. 그러니 인풋 양을 늘리려면 먼저 영어를 접하는 태도부터 자연스러워져야 합니다.

'3개월 만에 완벽한 영어를 구사할 수 있게 됐어요' '이 방법 덕분에 시험을 만점으로 통과했어요' 이런 식의 눈에 보이는 뚜렷한 성과와 만족감을 원하는 것이 우리에게 익숙한 영어 공부 태도입니다. 하지만 회화 공부가 주는 즐거움은 다릅니다. 영어 인증시험 공부를 통해서는 성적을 달성했다는 성취감을 얻을 수 있다면, 회화 공부는 앞으로 나아가고 있다는 느낌을 누릴 수 있습니다. 영어가 전보다 편해졌다는 느낌이

나 다양한 영어 콘텐츠들을 직접 활용할 수 있게 되었다는 뿌듯함이 성취감을 대신합니다. 힘주어서 한다고 해서 단번에 바뀌지 않는 것들일수록 태도와 마음가짐이 중요합니다. 책상 앞에 앉을 때마다 어서 빨리 유창해져야 한다는 조바심을 물리치세요. 그리고 작은 기쁨을 누리면서 끈기 있게 가자고 자신에게 말해주어야 합니다.

슬럼프를 넘는 연습

효과적인 영어 공부법에 집중하느라 슬럼프에 관해서 설명해주는 학습서나 강의는 많지 않습니다. 그래서 영어 공부에 슬럼프가 찾아오면 자책감이나 좌절감을 느끼고 주저앉아 버리는 경우가 대부분입니다. 슬럼프가 찾아오는 이유는 다양합니다. 이직이나 시험 기간처럼 갑자기 바빠진 상황에서 영어 공부가 관성을 잃어버려 슬럼프가 오기도 하고요. 또, 대체로 영어 공부 초반에는 실력 향상이 눈에 보이기 때문에 재미를 느낍니다. 하지만 아는 것들을 유기적으로 연결하고 적용하는 단계가 오면 공부를 해도 눈에 보이는 실력 향상이 줄어들게 되어 의욕을 잃기가 쉬워집니다. 같은 방법을 고민 없이 반복하며 공부하다 보니 지루해지기도 하고, 애초에 영어 공부 목표가 비현실적으로 높아서 지쳐버리기도 합니다. 그런데 이유가 무엇이든 영어 공부를 하는 긴 여정에서 한 번도 슬럼프를 겪지 않는 사람은 없습니다. 오히려 많은 사람이 슬럼프의 과정을 통해 나에게 맞는 영어 공부 방법에 대해 더 고민하게 되고, 자신에게 맞는 공부 목표와 동기를 찾게 되었다고 말합니다.

슬럼프의 의미

'plateau'는 높은 지역에 있는 평평한 땅, '고원'을 의미하는 말로 'hit a plateau'라고 하면 '슬럼프에 빠지다'라는 뜻이 됩니다. 즉, 어느 정도 올라가다가 더 이상 고도의 변화 없이 평평한 땅의 상태에 비유한 표현입니다. 누구나 처음에는 기대감에 차서 정상을 향해 올라가며 가파른 길도 마다하지 않습

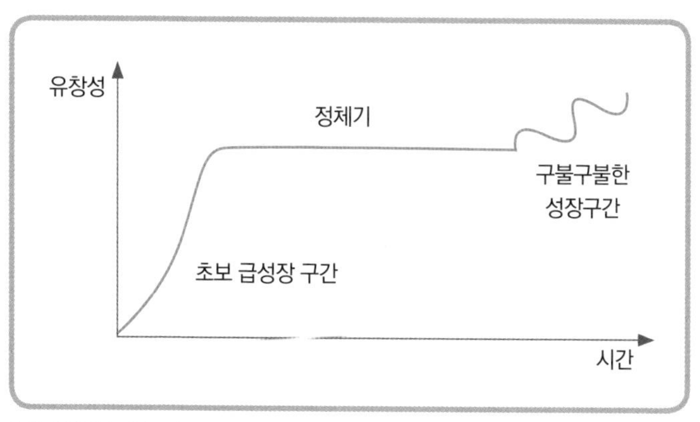

출처: 영어 학습 앱 '프레플리(preply)'

니다. 하지만 어느 정도 올라가면 산 중턱에서 잠시 앉아서 쉴 수 있는 곳을 찾게 됩니다. 누군가는 그 시기를 정체기라고도 부르지만, 그곳에서의 시간을 어떻게 보내느냐에 따라 앞으로 남은 더 험한 길을 잘 보낼 수 있는 근력과 에너지를 얻기도 합니다.

슬럼프가 필요한 이유

한국계 배우인 산드라 오는 아시아계에서는 몇 안 되는 할리우드의 주연급 배우입니다. 골든 글로브상을 두 번이나 받은 유일한 아시아계 배우이기도 합니다. 하지만 그녀에게는 중요하지 않은 변두리 인물을 연기하는 것에 만족해야 했던 때도 있었습니다. 그녀는 한 인터뷰에서 당시 자신이 맡을 수 있는 것은 '백인 여주인공의 엉뚱한 성격을 가진 아시아계 친구' 역할 뿐이었다고 말합니다.

I realized I hit a plateau in my career.

커리어에 있어 슬럼프에 빠졌다는 것을 깨달았어요.

산드라 오는 자신이 슬럼프에 빠졌다는 것을 깨닫고 나서 '오디션의 기술'을 연습하고자 합니다. 때마침 드라마 〈그레이 아나토미〉의 오디션에 참여하게 된 그녀는 '닥터 베일리' 라는 권위적이고 엄한 선배 레지던트 역할을 제안받습니다. 하지만 그녀는 제작진에게 자신이 원하는 다른 역할을 역제안하며 그 역할이 아니라면 거절하겠다는 의사를 밝힙니다. 그나마 주어진 역할조차 잃게 될 수 있다는 사실을 감수하면서도 새로운 시도를 하기 위해서였습니다. 다행히 제작진은 그녀를 크리스티나 양 역할에 캐스팅하고, 산드라 오는 이 역할로 그녀 인생의 첫 골든 글로브상을 수상하게 됩니다. 그리고 그 이후로는 동양인에 대한 고정관념에 갇혀있는 듯 뻔한 역할이 아닌 생생하고 다면적인 매력을 가진 역할들을 맡을 수 있게 됩니다. 즉, 변화 없이 정체된 듯한 시간을 보내며 한 결심, 그리고 자기 자신에 관한 판단 덕분에 자신만의 연기를 하는 배우로 한 단계 올라설 수 있었던 것입니다.

슬럼프를 극복하는 방법

어느 날 갑자기 영어에 대한 의욕과 흥미가 사라지고 실력이 나아지지 않는다면 어떻게 이 상황에서 벗어날 수 있을까요? 슬럼프에서 빨리 벗어나는 것보다 더 중요한 것이 그때 꼭 해야 하는 일을 하는 것입니다. 첫 번째로 스스로의 실력에 대해 객관적인 진단 평가를 받아봅니다. 온라인 상으로 이루어지는 실력 평가 테스트나 학원에서 하는 반 배치를 위한 스피킹 테스트도 좋습니다. 실력이 정체될 때 나의 회화 실력에 대해 객관적인 평가를 받아보면 이 시기를 돌파하기 위해서 집중해야 할 공부가 무엇인지 찾을 수 있습니다.

두 번째 방법은 새로운 목표와 루틴을 설정하는 것입니다. 처음에는 막연하게 영어 공부를 시작했다면 구체적으로 목표를 정해보고 기간도 설정하여 긴장감을 부여해 보는 거죠. 가령, '6개월간 전화 영어로 연습하고, 혼자 10개 주제에 대해 말해보고 녹음하기'처럼 유창성을 키우기 위한 구체적인 임무를 정하고 늘 하던 방식이 아닌 새로운 공부 루틴을 찾는 것만으로도 다시 시작할 에너지를 얻을 수 있습니다.

슬럼프에서 벗어나는 또 다른 방법은 타인의 도움을 받는 것입니다. 의무감을 더해줄 수 있는 스터디 메이트를 찾는다거나 온라인, 오프라인에서 선생님을 만나 전문가의 피드백을 받을 수도 있습니다. 또, 유튜브 등 SNS에서 슬럼프 극복 사례들을 살펴보며 새로운 롤모델을 찾아보는 것도 방법입니다.

영어 실력이 늘지 않아 답답할 때는, 산 중턱에 있는 넓은 땅plateau의 이미지를 떠올릴 수 있으면 좋겠습니다. 애초에 plauteau는 바닥으로 곤두박질치는 꺼진 땅이 아니라 높은 곳에 펼쳐진 넓은 땅입니다. 슬럼프는 영어 공부의 위기 구간이면서도, 영어 공부를 향한 조급함이 장기적인 에너지로 전환됨과 동시에 더 멀리 가기 위해 자기 실력을 직면하고 내공을 쌓는 서행 구간인 셈이니까요.

셀럽들에게 배우는 나다운 영어

나 그대로를 보여주는 용기 있는 영어

사진작가 니키 리 씨는 배우 유태오 씨의 아내로도 잘 알려져 있습니다. 니키 리 씨는 미국 유학시절 파격적인 프로젝트로 뉴욕 예술계의 일약 스타가 됩니다. 그녀는 5년에 걸쳐 펑크족, 드랙퀸, 노인, 스윙 댄서 등 3개월씩 전혀 다른 모습으로 살아가며 자신의 모습을 사진으로 남깁니다. 감쪽같이 다른 사람처럼 보이는 카멜레온 같은 그녀의 사진들을 보면 마음만 먹으면 한 사람이 이렇게 다양한 모습이 될 수 있구나 싶어집니다.

그녀는 아리랑TV와의 영어 인터뷰에서 우리가 되고 싶은 모습과 실제 모습 사이에는 간극이 존재한다며 정체성에 대한 자신의 생각을 밝힌 적이 있습니다.

> I can look very serious and intellectual or elegant now. I can pretend. But I can just be myself. It makes more sense. I am just a funny person.

지금도 굉장히 진지하고 지적이고 우아한 사람처럼 보이려 할 수도 있어요. 연기를 할 수 있으니까요. 하지만 그냥 저 자신답게 해도 되죠. 그게 더 어울리니까요. 저는 그냥 웃긴 사람일 뿐이에요.

많은 사람이 영어를 할 때 나의 실력보다 더 잘해 보여야 한다는 부담감을 느낍니다. 그야말로 영어를 더 잘하는 척 연기하게 됩니다. 그런 면에서 "마음만 먹으면 내가 아닌 누군가처럼 연기할 수도 있지만 그것은 매력적이지 않다"고 말하는 니키 리 씨의 당당함이 더 돋보입니다. 영상 속 그녀는 한 시간 가까운 영어 인터뷰 내내 쉬운 표현들로도 솔직하고 편안하게 대화를 이어갑니다.

영어를 공부하는 것은 참 긴 여정입니다. 그렇기 때문에 실력을 키우는 것만큼이나 영어 스타일에 나의 매력을 잘 담아내는 것도 중요합니다. 단어를 공부하고 문장을 연습할 때, '영어에 나의 매력을 진하게 담아 나답게 해 보자'라는 마음을 잊지 않는다면, 완벽하지는 않더라도 적어도 자연스럽고 매력이 있는 영어를 하게 될 것입니다.

기억하면 좋을 표현

그냥 나답게 하면 됩니다.

I can just be myself.

내향형 영어의 비밀

초판 1쇄 발행 2023년 4월 10일
초판 2쇄 발행 2024년 1월 5일

지은이 | 일간 소울영어
발행인 | 홍경숙
발행처 | 위너스북

경영총괄 | 안경찬
기획편집 | 박혜민, 안미성
마케팅 | 박미애

출판등록 | 2008년 5월 2일 제2008-000221호
주소 | 서울 마포구 토정로 222, 201호(한국출판콘텐츠센터)
주문전화 | 02-325-8901
팩스 | 02-325-8902

표지 디자인 | 김종민
본문 디자인 | 김수미
지업사 | 한서지업
인쇄 | 영신문화사

ISBN 979-11-89352-63-9 (13740)

* 책값은 뒤표지에 있습니다.
* 잘못된 책이나 파손된 책은 구입하신 서점에서 교환해 드립니다.
* 위너스북에서는 출판을 원하시는 분, 좋은 출판 아이디어를 갖고 계신 분들의 문의를 기다리고 있습니다.

winnersbook@naver.com | tel 02) 325-8901